LAROUSSE

# Decoración con fondant

# LAROUSSE

# Decoración con fondant

## Anna Ruiz

**DIRECCIÓN EDITORIAL** Tomás García Cerezo

**COORDINACIÓN EDITORIAL** Verónica Rico Mar

**COORDINACIÓN DE CONTENIDOS** Gustavo Romero Ramírez

**ASISTENCIA EDITORIAL** Montserrat Estremo Paredes y Mayra Pérez Cuautle

**FOTOGRAFÍA** Alex Vera Fotogastronómica®

**CORRECCIÓN DE ESTILO** Evelín Ferrer Rivera

**DISEÑO Y FORMACIÓN** Quinta del agua Ediciones S.A. de C.V.

**DISEÑO DE PORTADA** Ediciones Larousse, S.A. de C.V., con la colaboración de Nice Montaño Kunze

©2019 Ediciones Larousse, S.A. de C.V.

Renacimiento 180, Colonia San Juan Tlihuaca,
Alcaldía Azcapotzalco, C.P. 02400, Ciudad de México

ISBN 978-607-21-2180-5

Primera edición, junio 2019

www.larousse.com.mx

# Presentación

El fondant es un tipo de glaseado o recubrimiento a base de azúcar que ha sido utilizado en repostería desde hace varios siglos; pero fue hasta mediados del siglo XX que su aplicación se popularizó como elemento decorativo de pasteles, panecillos, galletas, entre otros. El fondant es un material muy versátil, con propiedades únicas que lo hacen uno de los productos de decoración predilectos de los reposteros. Consiste en una masa maleable con la que se puede moldear todo tipo de figuras bidimensionales y tridimensionales; y extender para formar una lámina con la cual se pueden cubrir bizcochos, galletas o pasteles. Originalmente es blanca, pero se puede pintar o mezclar con colorantes artificiales y diamatinas, de los cuales actualmente existe una amplia gama de colores. Además, una característica distintiva del fondant es su estabilidad y durabilidad que permite que las figuras y decoraciones conserven su forma, así como que se conserven frescos y húmedos.

La decoración con fondant permite a reposteros y entusiastas de la pastelería expresarse creativa y artísticamente, pues debido a sus características es el vehículo perfecto para crear, teniendo como único límite su imaginación. Con esta obra Larousse busca inspirar a todos los amantes de la repostería a elaborar preparaciones dulces que no sean sólo un agasajo en la boca, sino también a la vista. Para ello, la chef repostera Anna Ruiz ha creado una serie de proyectos de decoración con fondant de galletas, cupcakes y pasteles cuyos diseños representan la visión particular de una repostera moderna y divertida que presta mucha atención a los detalles.

En *Decoración con fondant* el lector encontrará información básica sobre utensilios, equipo e ingredientes específicos para el trabajo con fondant, así como explicaciones paso a paso de técnicas de elaboración y recetas básicas, ilustraciones y vínculos electrónicos (códigos QR) a videos que le ayudarán a mejorar o dominar las habilidades básicas en el mundo de la decoración con fondant. Cada uno de los proyectos de decoración da vida a un tema específico y consiste en varios diseños únicos que combinan técnicas y materiales de vanguardia. Con ellos el lector podrá elaborar preparaciones dulces para todo tipo de acontecimientos o celebraciones, desde unas divertidas galletas para avivar una mesa de postres en un *baby shower*, un hermoso arreglo floral de *cupcakes* para regalar a mamá, un moderno pastel en forma de bolsa para una amiga que guste de estar siempre a la moda, hasta un imponente pastel de celebración de cinco pisos.

Si usted busca aprender nuevas técnicas, poner en práctica sus habilidades de decoración o simplemente inspirarse para crear verdaderas obras de arte dulces y comestibles, *Decoración con fondant* es un libro que pertenece a su biblioteca personal.

Los Editores

# Introducción

Cada nueva experiencia vivida y cada receta aprendida me hacen pensar que sería muy injusto que todos esos conocimientos cayesen en el olvido, sin antes haberlos trasmitido a nadie. Ese sentimiento me ha llevado a dedicar una parte de mi vida a la docencia, y cada vez que comparto con alguien mis conocimientos o algunas de las técnicas que he aprendido a lo largo de mi carrera, siento una enorme satisfacción. La oportunidad de dejar una parte de lo que sé plasmada por escrito en este libro me genera la sensación de haber culminado un proceso. Pienso que todos nuestros conocimientos, por muy increíbles que sean, carecen de valor si no somos capaces de transmitirlos a los demás y de permitirles perdurar en el tiempo.

Con el tiempo, he aprendido que todo se logra con dedicación, pasión y constancia, aunque la receta más importante es el **amor** que uno deposita en lo que le apasiona, así como disfrutar siempre con una **sonrisa**.

Anna Ruiz

# DEDICATORIA

**A mi madre** ¡Fuiste la mejor y serás única siempre!

Gracias por estar conmigo en todo momento, por guiarme a través del mejor camino para lograr mis metas y por ayudarme a descubrir mi gran pasión por la repostería. Hoy te llevo conmigo.

Gracias por enseñarme a ser siempre fuerte y guerrera y a sonreír con la cara en alto por lo que me apasiona en la vida: ¡decorar pasteles con AMOR!

Tus sabias palabras las llevo en mi corazón:

RECETAS DE AMOR COMESTIBLES

# AGRADECIMIENTOS

*A mi madre,* quien me brindó todo su tiempo y amor para hornear mis creaciones todas las noches.

*A mi padre*, quien día a día me cuidó en mis desvelos y entregaba mis creaciones. Gracias por tu apoyo incondicional y por tu gran amor.

*A mi hermano,* le agradezco su entrega y dedicación desmedida. Hoy es el principal motor en mi vida y mis proyectos.

*A mi tía Aurora*, le doy gracias por sus grandiosas ideas para iniciar mi negocio y por apoyarme en la inversión de mis primeros moldes.

*A mi tía Brenda*, le agradezco su apoyo incondicional cuando comencé mi negocio y por regalarme mi primera batidora.

*A la familia Ruíz*, gracias por entender mi camino de trabajo y esfuerzo.

*A la familia Pulido*, gracias por estar conmigo en todo momento.

*A Kary*, te agradezco tu gran dedicación y el compartir una meta más juntas.

*A César*, gracias por tu esfuerzo y empeño de día y de noche.

*A mi equipo de trabajo*, uno de mis retos más grandes que diariamente me enseña algo nuevo. Gracias equipo.

*A mis amigos y amigas*, les agradezco el estar a mi lado en todo momento para lograr todas mis metas.

*A mis alumnos*, quienes me han enseñado a ser más profesional.

*A Larousse*, gracias por darme la oportunidad y ayudarme a compartir mis conocimientos.

*A Vero* (editora), gracias por tu apoyo para cumplir un sueño más en mi vida. Gracias a todo tu equipo de trabajo.

*A Alex Vera*, gracias por tu increíble visión para plasmar la fotografía de este libro y gracias a todo tu equipo.

*A todos los anfitriones*, que me han invitado a participar en sus eventos para compartir mis conocimientos. Gracias por el apoyo y por la confianza.

*A la familia Valenzuela*, gracias por creer en mis proyectos y por siempre estar presentes.

*A mis colegas*, agradezco que apoyen el arte del trabajo con fondant y los invito a seguir trabajando cada uno son su propio estilo con dedicación y paciencia.

*A mis sobrinos y ahijados*, por el gran amor que les tengo a cada uno, para que entre páginas vean el ejemplo en el futuro y nunca se rindan.

# Contenido

# Equipo y utensilios

**Alisador para fondant:** paleta plana de plástico o acrílico que permite extender el fondant sobre un pastel, o una base soporte para pastel, con el fin de obtener una superficie lisa y brillante.

**Base giratoria:** disco que gira en su propio eje sobre un pedestal. Puede ser de varios tamaños en metal, plástico, vidrio o cerámica. Es de gran utilidad para la decoración de pasteles, principalmente para cubrirlos con betún, glaseados o cremas, y para aplicarles decoraciones a mano o con manga pastelera.

**Base para pastel:** soporte de cartón o plástico de diferentes formas y tamaños. Se coloca al ras de la base de los bizcochos, lo que permite moverlos fácilmente sin que se rompan. Las bases para pastel son necesarias para el apilado de bizcochos en un pastel de varios pisos.

**Base de soporte para pastel:** superficie firme y gruesa que sirve para transportar y presentar un pastel terminado.

**Batidora:** aparato eléctrico que sirve para batir, mezclar o emulsionar. Permite elaborar preparaciones más rápido, y generalmente con mejores resultados, que si se hacen manualmente. Las batidoras profesionales funcionan a varias velocidades y vienen acompañadas de tres accesorios intercambiables, cada uno con diferentes cualidades: el batidor globo es útil para montar huevo, cremas, merengues y batidos, ya que su función es incorporar aire; la pala se utiliza para batidos que no necesitan incorporación de aire, como masas para galleta, rellenos y coberturas cremosas, o para acremar mantequilla o queso crema, y el gancho es esencial para amasar.

**Columna o pilar:** tubos huecos, generalmente de plástico grueso. Se insertan dentro de panes o bizcochos para dar estructura a pasteles de varios pisos. Los hay de distintos tamaños.

**Cortador para galletas:** utensilio de metal o de plástico que sirve para cortar masas o pastas con formas y tamaños variados, desde motivos geométricos hasta figuras muy específicas.

**Descorazonador para cupcake:** utensilio que permite retirar el centro de *cupcakes* o muffins para rellenarlos.

**Duya:** boquilla de metal que se inserta en la punta de las mangas pasteleras, por dentro, para darle forma a la preparación que se va a dosificar. Existen duyas con formas específicas y de distintos tamaños. Son útiles para decorar uniforme y detalladamente galletas, pasteles o *cupcakes*.

**Espátula:** lámina de metal con mango, recta o angulada, que se utiliza para distribuir y extender distintos tipos de preparaciones y rellenos; cubrir pasteles con betún, ganache o crema, o transferirlos de un lugar a otro.

**Estampador para sugarcraft:** tipo de molde que permite imprimir, por presión, un diseño sobre fondant o pastillaje.

**Esténcil:** plantilla delgada con un diseño precortado. Se utiliza para marcar diseños o figuras sobre distintas superficies con *royal icing*, pintura, matizadores y otros elementos.

**Herramientas para fondant:** utensilios alargados con cabezales de formas y tamaños variados que sirven para cortar y modelar decoraciones y figuras de fondant.

**Manga pastelera:** bolsa con forma cónica, de tela o de plástico. Sirve para dosificar todo tipo de preparaciones semilíquidas: rellenos, cremas, salsas, ganaches, mermeladas o pastas.

**Miniespátula:** pequeña lámina de metal con mango. Su flexibilidad permite cortar y modelar con facilidad el fondant y las figuras de pastillaje.

**Molde de silicón para modelado:** recipientes flexibles, de distintas formas y tamaños, que sirven para hacer todo tipo de figuras con fondant, isomalt, pastillaje o chocolate.

**Molde para hornear:** recipiente hueco dentro del cual se hornean numerosas preparaciones, como pastas, masas o rellenos, que adoptan la forma del recipiente. Existen moldes de distintas formas, tamaños y materiales, y algunos tienen usos específicos, como el molde para *cupcakes*, para muffins o para panqué.

**Pincel:** instrumento con forma de lápiz, de tamaño variable, que en la punta tiene cerdas con un grosor y forma específicos. Se utiliza principalmente como herramienta de decoración, ya sea para pintar, barnizar o limpiar.

**Rodillo:** cilindro de metal, teflón, madera o plástico, utilizado para extender masas y pastas sobre una superficie plana. Los rodillos grandes de madera son útiles para extender masas y pastas. Los rodillos especiales para extender fondant están recubiertos con una capa antiadherente; hay pequeños y grandes, y se utilizan unos u otros de acuerdo con el tamaño de láminas de fondant que se deseen extender. Los rodillos pequeños sirven también para extender pasta de goma para modelar; de éstos, incluso existe uno de acrílico que permite extender fondant tan delgado como se desee.

**Sello estampador:** instrumento con grabados en relieve que imprime mediante presión letras, números y signos en láminas de fondant, pastillaje, masas o pastas.

**Tapete para fondant:** plancha flexible de silicón, lisa o texturizada. El silicón, además de sus propiedades antiadherentes, conserva la temperatura de las pastas, proporcionándoles un acabado liso y uniforme. Los tapetes lisos, de diferentes tamaños, sirven para extender el fondant sin que se pegue a la mesa de trabajo. Los tapetes texturizados se usan para imprimir texturas en piezas de fondant o pastillaje.

**Texturizador para fondant:** lámina de acrílico o plástico con distintas texturas que permite crear diseños en relieve en piezas de fondant u otras masas.

**Troquel o punch para sugarcraft:** instrumento de bordes cortantes, con formas y tamaños variados, que se emplea para recortar o estampar, por presión, hojas de fécula de papa, fondant o pastillaje.

# Ingredientes

**Abrillantador:** polvo brillante nacarado. Sirve para darle un acabado lustroso a las superficies. Se puede aplicar con una brocha o un pincel, en seco o diluido en ron.

**Betún:** mezcla espesa de manteca vegetal y azúcar, y eventualmente algún colorante, con la que se recubre o resana un pastel antes de cubrirlo con fondant o glasearlo. El betún permite obtener una superficie lisa y uniforme en preparaciones que se cubrirán con glaseado o fondant. En el primer caso sirve para que el glaseado pueda ser esparcido apropiadamente, y en el segundo, para obtener una cobertura uniforme y servir como impermeabilizante, lo cual evita que el fondant se humedezca y se agriete.

**Chocolate sucedáneo:** preparado con sabor, color y consistencia similares al chocolate, que no es necesario temperar antes de utilizarlo. Se usa para elaborar distintas decoraciones.

**Colorantes vegetales:** productos líquidos, en polvo, en spray o en gel que sirven para pintar fondant, betún, *royal icing* y todo tipo de masas. Existen colorantes a base de agua y a base de grasa; estos últimos son liposolubles y se utilizan específicamente para pintar preparaciones con grasa, como chocolate.

**Confitería:** caramelos de diferentes tamaños, formas y colores.

*Diamantina:* polvo fino brillante de distintos colores. Se aplica directamente en las superficies con agua, manteca, ron o *piping gel.*

*Fondant:* pasta de azúcar flexible y moldeable, similar en textura a la plastilina, que se usa para cubrir pasteles, galletas o *cupcakes*, y para modelar todo tipo de decoraciones. El fondant puede teñirse de cualquier color.

*Ganache:* relleno elaborado a base de chocolate y crema para batir o leche. Su textura puede ser más o menos espesa, dependiendo de la proporción de los ingredientes. La ganache suave se prefiere como relleno de pasteles o bombones, mientras que una ganache espesa y firme es ideal para cubrir o resanar pasteles.

*Goma Tylose® o CMC:* aditivo alimentario con propiedades espesantes y estabilizantes. En repostería se agrega al *royal icing* y a las pastas para modelado, como pasta de goma, pastillaje, fondant o mazapán para darles mayor elasticidad y resistencia, además de acelerar el tiempo de secado.

*Hojas comestibles:* láminas delgadas y comestibles elaboradas a base de fécula de papa o de azúcar. Su tamaño y grosor son similares a la de una hoja de papel, y como a ésta, se le pueden imprimir con tinta comestible todo tipo de diseños que se pueden recortar. Sirven para decorar todo tipo de preparaciones.

*Isomalt:* edulcorante hecho a partir de azúcar de betabel que se utiliza para realizar esculturas y decoraciones transparentes debido a sus propiedades, ya que, a diferencia del azúcar común, no absorbe la humedad del ambiente, no se cristaliza y mantiene su color transparente. Se puede moldear con las manos o ser soplado como vidrio. Las decoraciones hechas con él mantienen su forma por más tiempo que las elaboradas con azúcar.

*Matizador:* polvo elaborado a base de chocolate con un acabado mate. Se usa para dar sombra a flores o pasteles.

*Obulato:* hoja comestible muy delgada y transparente elaborada con almidón. En Japón se usa para envolver caramelos.

*Pailleté feuilletine:* hojuelas de masa delgadas y crujientes. Se utiliza para añadir textura crocante a chocolates o pralinés, o para ser espolvoreado sobre helados o mousses.

*Pastillaje o pasta de goma:* masa de azúcar glass moldeable. Es ideal para realizar decoraciones, como flores, moños o distintas piezas detalladas, ya que una vez moldeada se endurece y conserva bien su forma.

*Pintura comestible:* sustancia elaborada a base de agua, almidón de papa, colorantes y agentes emulsionantes. Se aplica fácilmente con pincel sobre fondant, pastas para modelar y galletas. Se puede diluir en agua y los colores pueden ser mezclados entre sí para crear tonos diferentes.

*Piping gel:* preparación comestible dulce elaborada a base de jarabe de glucosa y espesantes. Sirve para pegar fondant en distintas superficies (incluidas las de fondant), para estabilizar cremas y merengues, y para realizar decoraciones.

*Plumón de tinta comestible:* rotulador de punta gruesa o delgada y de distintos colores. Se puede aplicar directamente en fondant, pastillaje, obleas, pastas, galletas, bombones, panes o caramelo.

*Royal icing:* mezcla de azúcar, merengue en polvo y agua, de consistencia semilíquida, más o menos espeso, que sirve para decorar a mano galletas, así como algunas piezas pequeñas de fondant y pasteles.

# Recetas básicas

## Coberturas y rellenos
# Fondant

El fondant es una pasta de azúcar con la que se cubren pasteles, *cupcakes*, galletas o bases, creando una capa superior firme, lisa y ligeramente brillosa. También se usa para moldear figuras y hacer decoraciones. La pasta se corta fácilmente, es suave y sumamente moldeable. Comercialmente está disponible en varios colores, aunque el más común es el color blanco, el cual se pude pintar con colorante en gel (**ver Colorear, pág. 40**).

Antes de utilizarlo, siempre debe amasarse sobre un tapete de silicón o sobre una superficie espolvoreada con muy poca fécula de maíz hasta conseguir una pasta suave, flexible y moldeable. Si lo siente seco o se cuartea, añádale un poco de glicerina y amáselo hasta incorporarla.

Conserve el fondant a temperatura ambiente, nunca en refrigeración, en un recipiente hermético hasta por 3 meses.

**Rendimiento:** 1 kg
**Preparación:** 30 min

### INGREDIENTES

- 1 cucharada de grenetina en polvo
- ¼ de taza de agua
- ½ taza de glucosa o jarabe de maíz
- 2 cucharadas de glicerina
- 1 kg de azúcar glass
- 1 cucharada de esencia de almendra transparente (opcional)
- cantidad suficiente de manteca vegetal

### PROCEDIMIENTO

1. Mezcle la grenetina con el agua y déjela reposar durante 5 minutos. ☐

2. Ponga una cacerola sobre fuego bajo y añádale la grenetina; cuando se derrita, agréguele la glucosa o jarabe de maíz y mezcle constantemente hasta que la preparación esté bien caliente, pero sin que hierva. Añada la glicerina. ☐ ☐ ☐

3. Retire la cacerola del fuego e incorpore a la preparación, poco a poco, la mitad del azúcar glass. Mezcle hasta obtener una a mezcla líquida y chiclosa. ☐ ☐ ☐

## Coberturas y rellenos
# Fondant

4. Forme sobre una superficie de trabajo un volcán con el azúcar glass restante. Haga un orificio en el centro y añada dentro la esencia de almendra y la mezcla chiclosa. Comience a incorporar el azúcar glass con ayuda de una raspa. Unte sus manos con un poco de manteca vegetal y amase hasta obtener una masa homogénea, tersa y maleable, que no se pegue a las manos. 8 9 10 11 12 13 14

5. Forme una esfera con el fondant, envuélvala en plástico autoadherente e introdúzcala en una bolsa resellable.

# Royal icing

El *royal icing* es una preparación muy versátil. Según su fluidez y consistencia, se puede usar para glasear pasteles, panqués o *cupcakes*, o para hacer decoraciones con manga pastelera o cono de celofán. Puede hacerlo del sabor y del color que desee (**ver Colorear, pág. 41**), pero tome en cuenta que el agregar más colorante o saborizante líquido modificará su consistencia, por lo que deberá disminuir la cantidad de agua de la receta original.

Para aligerar la consistencia del *royal icing*, deberá incorporarle gradualmente un poco de agua hasta obtener la fluidez deseada.

La receta que se muestra a continuación es para hacer *royal icing* firme. Conserve el *royal icing* en refrigeración, dentro de un recipiente hermético, hasta por 3 meses. Antes de utilizarlo, déjelo a temperatura ambiente entre 10 y 15 minutos y bátalo.

**Rendimiento:** 1.5 ℓ
**Preparación:** 15 min

## INGREDIENTES

- 1 kg de azúcar glass
- ½ taza de merengue en polvo
- 120 ml de agua
- ½ cucharada de saborizante artificial transparente del sabor de su elección (vainilla, mantequilla o almendra, por ejemplo)

## PROCEDIMIENTO

1. Bata en una batidora eléctrica todos los ingredientes a velocidad media entre 7 y 10 minutos o hasta obtener un glaseado de consistencia homogénea y tersa y con un color blanco uniforme.
2. Transfiera el glaseado a un tazón y añádale el saborizante.

| Consistencia del *royal icing* | Usos |
|---|---|
| Firme | Formar contornos en galletas decoradas y pétalos de flores. Aplicar detalles finos (puntos, grecas y líneas onduladas) en la decoración de un pastel. Para su aplicación se recomienda el uso de un cono de celofán o una manga pastelera con una duya fina. |
| Media | Formar conchas, estrellas y flores con manga pasteleras y duyas rizadas. Para su aplicación se puede usar una manga pastelera con duya. |
| Suave | Rellenar galletas decoradas. Formar líneas y letras. Para su aplicación se puede usar una manga pastelera con duya. |

# Betún de manteca-Relleno de queso

Un betún de consistencia firme es ideal para cubrir o resanar pasteles o decorar *cupcakes*, pues funciona como impermeabilizante y es muy estable. Para formar orillas y realizar todo tipo de decoraciones, como estrellas y flores, necesitará un betún de consistencia media; para obtenerlo, añada 3 cucharaditas de agua extra a la receta de betún. Por otro lado, para hacer decoraciones más delicadas, como hojas, tallos, letras y líneas, necesitará un betún más suave, por lo que deberá agregar 6 cucharaditas de agua a la receta. Puede hacer un betún del sabor y del color que desee (**ver Colorear, pág. 40**), pero tome en cuenta que agregar más colorante o saborizante líquido puede

modificar la consistencia del betún, por lo que deberá disminuir la cantidad de líquido de la receta original. Procure utilizar azúcar glass de buena calidad.

Si el betún que utilizará está refrigerado, deberá dejarlo temperar a temperatura ambiente entre 15 y 20 minutos y batirlo antes de utilizarlo.

Puede hacer un betún más firme para resanar un pastel agregándole algunas migajas de pan o de bizcocho.

Si la manteca que usa tiene una consistencia muy dura, puede agregarle 1 cucharadita de glicerina para suavizarla y facilitar el batido.

## Betún de manteca

**Rendimiento:** 1.5 ℓ
**Preparación:** 15 min

### INGREDIENTES

- 1 taza de manteca vegetal
- 2 cucharaditas de saborizante artificial transparente del sabor de su elección (vainilla, mantequilla o almendra, por ejemplo)
- 2 cucharadas de agua
- ¼ de cucharadita de sal
- 500 g de azúcar glass
- 1 cucharada de merengue en polvo

### PROCEDIMIENTO

1. Acreme en la batidora la manteca vegetal con el aditamento de pala hasta que esté suave y esponjosa. Cambie la pala por el batidor globo y añada el saborizante, el agua y la sal. Bata durante 1 minuto.

2. Raspe con una espátula el betún pegado en las paredes y en el fondo del tazón. Cierna el azúcar glass con el merengue en polvo y añádalos a la mezcla. Continúe batiendo a velocidad media hasta obtener un betún homogéneo y sin grumos. Bata finalmente durante 2 minutos más a velocidad alta o hasta obtener una consistencia cremosa y firme.

3. Transfiera el betún a un tazón y manténgalo cubierto mientras lo usa para que no se reseque. Si desea conservarlo durante más tiempo, colóquelo en un recipiente hermético y refrigérelo hasta por 2 semanas.

## Relleno de queso

**Rendimiento:** 1 ℓ
**Preparación:** 30 min

### INGREDIENTES

- 200 g de mantequilla a temperatura ambiente
- 180 g de azúcar glass cernida
- 450 g de queso crema a temperatura ambiente
- 1 cucharadita de extracto de vainilla

### PROCEDIMIENTO

1. Acreme en una batidora, con el aditamento de pala, la mantequilla con el azúcar glass. Añada el queso crema y el extracto de vainilla, y continúe batiendo hasta que la mezcla sea homogénea, suave y cremosa.

**Coberturas y rellenos**

# Ganache firme

Las ganaches son preparaciones muy versátiles, pues se pueden elaborar con cualquier tipo de chocolate y saborizar con distintos ingredientes, como licores, extractos o esencias. Si se usan como relleno, se les puede añadir frutos secos picados, *pailleté feuilletine* o frutas liofilizadas para modificar su sabor y darles una textura crujiente. La ganache firme es ideal para resanar pasteles, y no es aconsejable añadirle ingredientes que afecten su consistencia suave y lisa.

Las ganaches se deben dejar reposar entre 10 y 12 horas a temperatura ambiente después de elaborarlas, para que su consistencia sea la ideal. Sin embargo, puede acelerar este proceso dejándolas enfriar y refrigerándolas durante 2 horas como mínimo. Antes de usarlas, suavícelas en el microondas calentándolas y mezclándolas en intervalos de 10 segundos. Puede conservarlas en refrigeración hasta por 3 meses.

Esta ganache es perfecta para rellenar y resanar pasteles muy altos, pasteles para esculpir o pasteles elaborados con bizcochos suaves. Puede conservarla en refrigeración hasta por 3 meses.

**Rendimiento:** 1 ℓ
**Preparación:** 30 min

INGREDIENTES

- 500 g de chocolate amargo 73% cacao, picado
- 250 ml de crema para batir

PROCEDIMIENTO

1. Coloque en un tazón el chocolate picado y resérvelo.
2. Vierta la crema para batir en una cacerola y póngala sobre el fuego; cuando tenga una temperatura de 70 °C, retírela del fuego y viértala en el tazón con el chocolate. Mezcle hasta obtener una ganache de consistencia homogénea y tersa. Cúbrala con plástico autoadherente y déjela reposar a temperatura ambiente entre 10 y 12 horas.

**Coberturas y rellenos**

# Ganache

**Rendimiento:** 1 ℓ
**Preparación:** 30 min

## Chocolate con leche

Agregue a esta ganache cualquier tipo de esencia o licor para cambiar el sabor.

### INGREDIENTES

- 600 g de chocolate con leche picado
- 40 g de mantequilla
- 150 ml de leche
- 40 g de Trimoline®

### PROCEDIMIENTO

1. Coloque en un tazón el chocolate con la mantequilla y resérvelos.
2. Ponga una cacerola sobre el fuego y añádale la leche y el Trimoline®; cuando la preparación tenga una temperatura de 70° C, retírela del fuego y viértala en el tazón con el chocolate y la mantequilla. Mezcle con una espátula miserable hasta obtener una ganache de consistencia homogénea y tersa. Cúbrala con plástico autoadherente y déjela reposar a temperatura ambiente entre 10 y 12 horas.

## Licor del 43®

Es importante que la mezcla de leche y glucosa no sobrepase los 70 °C; de lo contario la ganache no tendrá brillo.

### INGREDIENTES

- 300 g de chocolate con leche picado
- 40 g de mantequilla cortada en cubos
- 200 ml de leche
- 30 g de glucosa
- 150 ml de Licor del 43®

### PROCEDIMIENTO

1. Coloque en un tazón el chocolate picado con la mantequilla y resérvelos.
2. Ponga una cacerola sobre el fuego y añádale la leche y la glucosa; cuando la preparación tenga una temperatura de 70 °C, retírela del fuego y viértala en el tazón con el chocolate y la mantequilla. Mezcle con una espátula miserable hasta que ambos ingredientes se derritan.
3. Incorpore el Licor del 43® mezclando hasta obtener una ganache de consistencia homogénea y tersa. Cúbrala con plástico autoadherente y déjela reposar a temperatura ambiente entre 10 y 12 horas.

## Frambuesa

Ajuste la cantidad de vodka a su gusto.

### INGREDIENTES

- 250 g de chocolate semiamargo picado
- 75 g de mantequilla
- 250 g de crema para batir
- 100 g de glucosa
- 150 ml de vodka de frambuesa

### PROCEDIMIENTO

1. Coloque en un tazón el chocolate picado con la mantequilla y resérvelos.
2. Ponga una cacerola sobre el fuego y añádale la crema para batir y la glucosa; cuando la preparación tenga una temperatura de 70 °C, retírela del fuego y viértala en el tazón con el chocolate y la mantequilla. Mezcle con una espátula miserable hasta que ambos ingredientes se derritan.
3. Incorpore el vodka de frambuesa mezclando hasta obtener una ganache de consistencia homogénea y tersa. Cúbrala con plástico autoadherente y déjela reposar a temperatura ambiente entre 10 y 12 horas.

# Pasta elástica-Pegamento transparente

El pegamento más utilizado para el trabajo con fondant es el *piping gel*. Este producto comercial puede sustituirse con los pegamentos que se explican a continuación.

Para obtener un pegamento de algún color en específico, añádale algunas gotas de colorante en gel.

## Pasta elástica

La pasta elástica es una mezcla de fondant con agua que sirve para pegar fondant en una superficie o pieza del mismo material. Añadir agua a este pegamento como se indica, es decir, con atomizador, evitará que el pegamento final quede muy líquido y entonces, no sirva para pegar.

Procedimiento

1. Coloque un trozo de fondant sobre un tapete de silicón y añádale un poco de agua con un atomizador. [1]
2. Mezcle el fondant con una miniespátula, agregándole gradualmente un poco más de agua con el atomizador, hasta obtener una consistencia pegajosa. [2] [3]

## Pegamento transparente

El pegamento transparente sirve para pegar flores de fondant o de pasta de goma. Es importante respetar las proporciones de agua y de goma, pues si el pegamento queda muy líquido, no servirá para pegar.

PROCEDIMIENTO

1. Coloque en un tazón 4 cucharadas de agua y 1 cucharada de goma Tylose® o CMC. [1]
2. Caliente la preparación en el microondas en intervalos de 10 segundos, mezclando entre cada uno, hasta que la goma se haya diluido por completo. Deje reposar el pegamento durante 24 horas antes de usarlo. [2] [3]

**Galletas**

# Almendra-Chocolate

Las recetas de galletas que se presentan a continuación son ideales para cortar con cualquier tipo de cortador para galletas y, una vez horneadas, son suficientemente firmes para ser manipuladas durante la decoración sin que se quiebren. Puede conservar las masas envueltas en plástico autoadherente durante 5 días en refrigeración o hasta por 6 meses en congelación. Para las recetas de galletas decoradas, puede usar el sabor de galleta de su preferencia (**ver Galletas decoradas, págs. 70-95**).

> Evite manipular la masa en exceso, para que las galletas no se deformen.

## Almendra

**Rendimiento:** 30 galletas de 5 cm aprox.
**Preparación:** 30 min
**Cocción:** 15 min

### INGREDIENTES

- 440 g de harina de trigo
- 100 g de almendra en polvo
- 1 pizca de sal
- 250 g de mantequilla a temperatura ambiente
- 200 g de azúcar glass cernida
- 1 huevo
- 5 ml de extracto de vainilla

### PROCEDIMIENTO

1. Cierna la harina de trigo con la almendra en polvo y la sal. Reserve esta mezcla.
2. Acreme en una batidora a velocidad media la mantequilla con el azúcar glass hasta obtener una mezcla cremosa y suave. Añada el huevo y el extracto de vainilla y bata nuevamente hasta obtener una preparación homogénea. Agregue poco a poco la mezcla de harina, batiendo hasta obtener una masa.
3. Extienda con un rodillo la masa sobre un trozo de papel siliconado hasta que tenga entre 3 y 5 milímetros de grosor. Cúbrala con plástico autoadherente y congélela durante 5 minutos.
4. Precaliente el horno a 180 °C.
5. Saque la masa del congelador y córtela con un cortador para galleta, coloque las figuras de masa en una charola para hornear cubierta con papel siliconado y hornéelas durante 15 minutos. Saque las galletas del horno y déjelas enfriar en una rejilla antes de despegarlas del papel siliconado.

## Chocolate

**Rendimiento:** 25 galletas de 5 cm aprox.
**Preparación:** 30 min
**Cocción:** 15 min

### INGREDIENTES

- 420 g de harina de trigo + cantidad suficiente para enharinar
- 150 g de cocoa
- 2 g de canela en polvo
- 4 g de sal
- 270 g de mantequilla
- 300 g de azúcar glass
- 2 huevos
- 15 ml de extracto de vainilla

### PROCEDIMIENTO

1. Cierna la harina de trigo con la cocoa, la canela en polvo y la sal. Reserve esta mezcla.
2. Acreme a velocidad media la mantequilla con el azúcar glass hasta que tenga una consistencia suave y cremosa. Agregue los huevos y el extracto de vainilla y bata hasta incorporarlos. Añada gradualmente la mezcla de harina y cocoa y bata hasta obtener una masa homogénea.
3. Forme una esfera con la masa y aplánela ligeramente con las manos. Extiéndala sobre una superficie antiadherente con un rodillo, cúbrala con plástico autoadherente y refrigérela entre 6 y 8 horas.
4. Precaliente el horno a 170 °C.
5. Enharine ligeramente la mesa de trabajo, extienda la masa con el rodillo hasta que tenga entre 3 y 5 milímetros de grosor y córtela con un cortador para galleta.
6. Coloque las figuras de masa en una charola para hornear cubierta con papel siliconado y hornéelas durante 15 minutos. Saque las galletas del horno y déjelas enfriar en una rejilla antes de despegarlas del papel siliconado.

# Galletas
# Canela

**Rendimiento:** 20 galletas de 5 cm aprox.
**Preparación:** 30 min
**Cocción:** 15 min

## INGREDIENTES

- 300 g de mantequilla a temperatura ambiente
- 500 g de harina de trigo + cantidad suficiente para enharinar
- 150 g de azúcar glass
- 8 g de canela en polvo
- 80 g de yemas

## PROCEDIMIENTO

1. Acreme a velocidad media la mantequilla hasta que tenga una consistencia suave y cremosa, pero sin trabajarla demasiado. [1]

2. Cierna la harina de trigo con el azúcar glass y la canela en polvo. Añada esta mezcla a la mantequilla y bata hasta incorporarla. Agregue las yemas y bata nuevamente hasta obtener una masa homogénea. [2] [3]

3. Forme una esfera con la masa y aplánela ligeramente con las manos. Extiéndala sobre una superficie antiadherente con un rodillo, cúbrala con plástico autoadherente y refrigérela entre 6 y 8 horas. [4] [5] [6] [7]

4. Precaliente el horno a 170 °C.

5. Enharine ligeramente la superficie de trabajo y extienda la masa con el rodillo hasta que tenga entre 3 y 5 milímetros de grosor. Córtela con un cortador para galletas. [8] [9]

6. Coloque las figuras de masa en una charola para hornear cubierta con papel siliconado y hornéelas durante 15 minutos. Saque las galletas del horno y déjelas enfriar en una rejilla antes de despegarlas del papel siliconado.

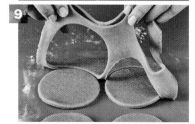

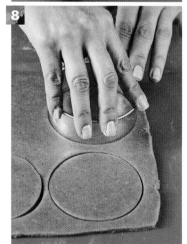

## Galletas

# Vainilla

**Rendimiento:** 30 galletas de 5 cm aprox.
**Preparación:** 30 min
**Cocción:** 15 min

### INGREDIENTES

- 500 g de mantequilla a temperatura ambiente
- 250 g de azúcar glass
- 40 g de yemas
- 5 ml de extracto de vainilla
- 750 g de harina de trigo cernida + cantidad suficiente para enharinar

### PROCEDIMIENTO

1. Acreme a velocidad media la mantequilla con el azúcar glass hasta obtener una mezcla cremosa y suave. Añada las yemas y el extracto de vainilla y bata nuevamente hasta obtener una preparación homogénea. Agregue la harina y bata hasta obtener una masa.
2. Forme una esfera con la masa y aplánela ligeramente con las manos. Extiéndala sobre una superficie antiadherente con el rodillo, cúbrala con plástico autoadherente y refrigérela entre 6 y 8 horas.
3. Precaliente el horno a 170 °C.
4. Enharine ligeramente la mesa de trabajo, extienda la masa con un rodillo hasta que tenga entre 3 y 5 milímetros de grosor y córtela con un cortador para galletas. Coloque las figuras de masa en una charola para hornear cubierta con papel siliconado y hornéelas durante15 minutos. Saque las galletas del horno y déjelas enfriar en una rejilla antes de despegarlas del papel siliconado.

**Cupcakes**

# Chocolate-Moca

Para realizar las recetas de *cupcakes* decorados (**ver Cupcakes decorados, págs. 96-117**), puede utilizar el sabor de *cupcake* de su preferencia, y opcionalmente rellenarlo (**ver pág. 43**). Conserve los *cupcakes* dentro de un recipiente hermético durante 3 días en refrigeración, o hasta por 3 meses en congelación.

## Chocolate

**Rendimiento:** 20 *cupcakes*
**Preparación:** 30 min
**Cocción:** 15 min

### INGREDIENTES

- 2 huevos
- 275 g de azúcar
- 155 g de harina de trigo
- 65 g de cocoa
- 1 g de polvo para hornear
- 110 ml de aceite
- 95 ml de crema para batir
- 185 ml de leche

### PROCEDIMIENTO

1. Precaliente el horno a 170 °C.
2. Bata los huevos con el azúcar hasta que este último se disuelva.
3. Cierna la harina de trigo con la cocoa y el polvo para hornear e incorpore poco a poco esta mezcla a los huevos batidos. Agregue el resto de los ingredientes y bata hasta obtener una preparación homogénea.
4. Introduzca la preparación en una manga pastelera y distribúyala en moldes para *cupcakes* con los capacillos hasta llenarlos a la mitad.
5. Hornee los *cupcakes* durante 15 minutos. Sáquelos y déjelos enfriar en una rejilla antes de desmoldarlos.

## Moca

**Rendimiento:** 17 *cupcakes*
**Preparación:** 30 min
**Cocción:** 15 min

### INGREDIENTES

- 163 g de harina de trigo
- 8 g de polvo para hornear
- 1 g de sal
- 30 ml de agua caliente
- 15 g de café instantáneo en polvo
- 90 ml de leche
- 84 g de mantequilla a temperatura ambiente
- 155 g de azúcar
- 86 g de crema ácida
- 2.5 ml de extracto de vainilla
- 2 huevos

### PROCEDIMIENTO

1. Precaliente el horno a 170 °C.
2. Cierna la harina de trigo con el polvo de hornear y la sal. Reserve esta mezcla.
3. Mezcle el agua caliente con el café y, posteriormente, incorpore la leche. Reserve.
4. Acreme a velocidad media la mantequilla con el azúcar entre 2 y 3 minutos o hasta obtener una consistencia suave y cremosa. Agregue la crema ácida y el extracto de vainilla y bata hasta incorporarlos; añada los huevos y continúe batiendo, raspando ocasionalmente el fondo y las paredes del tazón de la batidora, hasta obtener una preparación homogénea. Añada, gradualmente y sin dejar de batir, la mezcla de harina, alternándola con la mezcla de café con leche; bata hasta obtener una preparación homogénea, raspando las paredes y el fondo del tazón cuando sea necesario.
5. Introduzca la preparación en una manga pastelera y distribúyala en moldes para *cupcakes* con los capacillos hasta llenarlos a la mitad.
6. Hornee los *cupcakes* durante 15 minutos. Sáquelos y déjelos enfriar en una rejilla antes de desmoldarlos.

## Cupcakes

# Vainilla

**Rendimiento:** 12 *cupcakes*
**Preparación:** 30 min
**Cocción:** 15 min

### INGREDIENTES

- 100 g de harina de trigo
- 5 g de polvo para hornear
- 100 g de mantequilla a temperatura ambiente
- 100 g de azúcar
- 2 huevos
- 5 ml de extracto de vainilla
- 30 ml de leche

### PROCEDIMIENTO

1. Precaliente el horno a 170 °C.
2. Cierna la harina de trigo con el polvo para hornear y reserve esta mezcla.
3. Acreme a velocidad media la mantequilla con el azúcar hasta obtener una consistencia suave y cremosa. Agregue gradualmente, sin dejar de batir, los huevos, el extracto de vainilla y la leche. Finalmente, incorpore la mezcla de harina cernida y bata hasta obtener una preparación homogénea. ☐1 ☐2 ☐3 ☐4 ☐5
4. Introduzca la preparación en una manga pastelera y distribúyala en moldes para *cupcakes* con los capacillos hasta llenarlos a la mitad. ☐6
5. Hornee los *cupcakes* durante 15 minutos. Sáquelos y déjelos enfriar en una rejilla antes de desmoldarlos.

## Cupcakes

# Plátano con chispas de chocolate

**Rendimiento:** 32 *cupcakes*
**Preparación:** 30 min
**Cocción:** 15 min

INGREDIENTES

- 210 g de harina de trigo
- 10 g de polvo para hornear
- 6 g de bicarbonato de sodio
- 1 g de sal
- 1 pizca de canela en polvo
- 90 g de claras
- 100 g de mantequilla a temperatura ambiente
- 100 g de azúcar mascabado
- 50 g de azúcar
- 60 g de yemas
- 3 plátanos maduros hechos puré
- 5 ml de extracto de vainilla
- 90 g de chispas de chocolate

PROCEDIMIENTO

1. Precaliente el horno a 170 °C.
2. Cierna la harina de trigo con el polvo para hornear, el bicarbonato de sodio, la sal y la canela en polvo.
3. Monte las claras en la batidora eléctrica con el batidor globo hasta que formen picos firmes. Transfiéralas a un tazón y resérvelas.
4. Cambie el aditamento de la batidora por el de pala, y acreme la mantequilla con los azúcares hasta obtener una preparación cremosa y suave. Agregue las yemas, el puré de plátano y el extracto de vainilla y bata nuevamente hasta obtener una preparación homogénea. Añada la mezcla de harina y bata nuevamente. Finalmente, incorpore con una espátula, realizando movimientos envolventes, las claras batidas y las chispas de chocolate.
5. Introduzca la preparación en una manga pastelera y distribúyala en moldes para *cupcakes* con los capacillos hasta llenarlos a la mitad.
6. Hornee los *cupcakes* durante 15 minutos. Sáquelos y déjelos enfriar en una rejilla antes de desmoldarlos.

**Bizcochos**

# Almendra

Las recetas de bizcochos que se presentan a continuación son para elaborar panes firmes, característica necesaria para que sirvan como base de la estructura de los pasteles decorados (**ver Pasteles, págs. 118-149**).

Según el perfil de sabor que desee obtener en su pastel puede usar alguno de los cuatro sabores propuestos y elegir entre alguno de los rellenos (**ver Coberturas y rellenos, págs. 21-23**). Asimismo, puede ajustar la receta

disminuyendo o multiplicando las cantidades, en función del tamaño de bizcocho que desee obtener.

Antes de cortar los bizcochos debe dejar que se enfríen, o mejor aún, haberlos refrigerado. Es recomendable congelarlos antes de rellenarlos, apilarlos, resanarlos y/o cubrirlos. Puede conservar los bizcochos envueltos en plástico autoadherente y en papel aluminio, en congelación hasta por 3 meses.

**Rendimiento:** 1 pastel redondo de 24 cm de diámetro o 1 cuadrado de 22 cm por lado / 20 personas
**Preparación:** 1 h
**Cocción:** 40 min

### INGREDIENTES

- 153 g de chocolate blanco troceado
- 17 g de manteca de cacao
- 270 g de harina de trigo
- 4 g de polvo para hornear
- 30 g de almendra en polvo
- 3 g de sal
- 130 g de mantequilla a temperatura ambiente
- 200 g de azúcar + 40 g
- 7 ml de extracto de vainilla
- 80 g de yemas
- 250 ml de leche
- 135 g de claras

### PROCEDIMIENTO

1. Derrita en el microondas el chocolate blanco con la manteca de cacao y mézclelos hasta que obtenga una consistencia homogénea. Deje entibiar esta mezcla.

2. Cierna en un tazón la harina de trigo con el polvo para hornear, la almendra en polvo y la sal.

3. Acreme a velocidad media la mantequilla con los 200 gramos de azúcar y el extracto de vainilla hasta que obtenga una consistencia ligera, cremosa y esponjosa. Sin dejar de batir, añada gradualmente la mezcla de chocolate blanco con manteca de cacao y las yemas. Cuando obtenga una mezcla homogénea, incorpore la mezcla de harina y almendra, alternando con la leche. Continúe batiendo hasta que la preparación sea homogénea y transfiérala a un tazón.

4. Precaliente el horno a 170 °C. Engrase y enharine o forre con papel siliconado 1 molde para pastel.

5. Cambie el aditamento de pala de la batidora por el globo. Bata las claras a punto de turrón junto con los 40 gramos de azúcar restantes e incorpórelas con movientes envolventes a la preparación anterior hasta que la mezcla sea homogénea.

6. Distribuya la mezcla en un molde y hornéela durante 40 minutos, o hasta que al insertar un palillo en el centro del pastel, éste salga limpio. Retírelo del horno, desmóldelo y déjelo enfriar sobre una rejilla.

**Bizcochos**

# Chocolate-Vainilla

## Chocolate

**Rendimiento:** 1 pastel redondo de 20 cm de diámetro o 1 cuadrado de 18 cm por lado
**Preparación:** 1 h 40 min
**Cocción:** 1 h 30 min

### INGREDIENTES

- 285 g de harina leudante*
- 50 g de cocoa
- 1¾ cucharaditas de polvo para hornear
- 285 g de mantequilla
- 145 g de azúcar mascabado
- 145 g de azúcar
- 5 huevos
- 110 g de chocolate troceado, 62% cocoa
- 2½ cucharaditas de agua hirviendo

*\* Prepare la harina leudante mezclando 1 taza de harina de trigo con 1½ cucharaditas de polvo para hornear, ½ cucharadita de sal y ¼ de cucharadita de bicarbonato de sodio.*

### PROCEDIMIENTO

1. Cierna en un tazón la harina leudante con la cocoa y el polvo para hornear. Reserve esta mezcla.
2. Precaliente el horno a 180 °C. Engrase y enharine o forre con papel siliconado 1 molde para pastel.
3. Acreme a velocidad media la mantequilla con los azúcares hasta que obtenga una consistencia ligera, cremosa y esponjosa. Sin dejar de batir, agregue los huevos de uno en uno, batiendo bien antes de añadir el siguiente. Después, añada la mezcla de harina y cocoa, y bata hasta obtener una mezcla homogénea y tersa.
4. Derrita el chocolate con el agua hirviendo en el microondas e incorpórelo a la preparación anterior.
5. Distribuya la mezcla en el molde y hornéela durante 1½ horas, o hasta que al insertar un palillo en el centro del pastel, éste salga limpio. Retírelo del horno, desmóldelo y déjelo enfriar sobre una rejilla.

## Vainilla

Para hacer un pastel de vainilla al limón o a la naranja, incorpore a la mezcla, junto con el extracto de vainilla, la ralladura de 3 limones o de 1 naranja.

**Rendimiento:** 1 pastel redondo de 22 cm de diámetro o 1 cuadrado de 20 cm por lado
**Preparación:** 1 h
**Cocción:** 40 min

### INGREDIENTES

- 450 g de harina de trigo
- 1 cucharada de polvo para hornear
- 4 cucharadas de leche en polvo
- 500 g de mantequilla a temperatura ambiente
- 450 g de azúcar
- 2 cucharada de extracto de vainilla
- 9 huevos

### PROCEDIMIENTO

1. Cierna en un tazón la harina de trigo con el polvo para hornear y la leche en polvo. Reserve esta mezcla.
2. Bata la mantequilla a velocidad media hasta que se blanquee y se esponje. Agregue, sin dejar de batir, el azúcar en forma de lluvia; continúe batiendo entre 3 y 5 minutos o hasta que el azúcar esté bien incorporada. Añada el extracto de vainilla y los huevos, de uno en uno, batiendo bien antes de añadir el siguiente. Finalmente, incorpore en tres tantos la mezcla de harina y bata hasta obtener una mezcla homogénea y tersa.
3. Precaliente el horno a 170 °C. Engrase y enharine o forre con papel siliconado 1 molde para pastel.
4. Distribuya la mezcla en el molde y hornéela durante 40 minutos, o hasta que al insertar un palillo en centro del pastel, éste salga limpio. Retírelo del horno, desmóldelo y déjelo enfriar sobre una rejilla.

**Bizcochos**

# Trufa

**Rendimiento:** 1 pastel redondo de 20 cm de diámetro o 1 cuadrado de 18 cm por lado
**Preparación:** 40 min
**Cocción:** 30 min

## INGREDIENTES

- 210 g de chocolate 62% cacao, troceado
- 60 g de mantequilla
- 100 g de nueces
- 50 g de yemas
- 85 g de azúcar
- 250 g de claras

## PROCEDIMIENTO

1. Precaliente el horno a 180 °C. Engrase y enharine o forre con papel siliconado 1 molde para pastel.
2. Derrita en el microondas el chocolate con la mantequilla y mézclelos hasta que obtenga una consistencia homogénea.
3. Licue la mezcla de chocolate y mantequilla con las nueces, las yemas y el azúcar. Reserve.
4. Bata las claras a velocidad máxima hasta que formen picos firmes e incorpóreles con movimientos envolventes la mezcla de chocolate y nueces. ☐1 ☐2 ☐3
5. Distribuya la mezcla en el molde y hornéela durante 30 minutos, o hasta que al insertar un palillo en el centro del pastel, éste salga limpio. Retire el bizcocho del horno, desmóldelo y déjelo enfriar sobre una rejilla. ☐4 ☐5

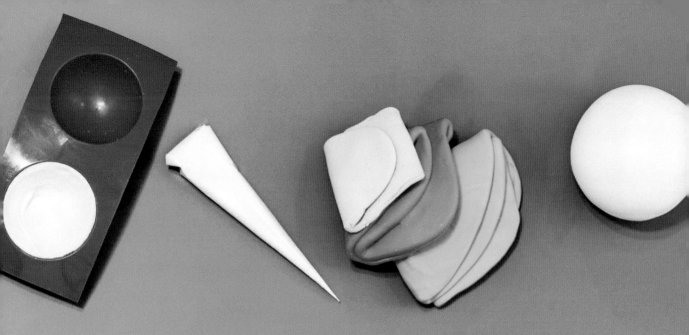

# Técnicas básicas y decoraciones

# Preparar una manga pastelera y rellenarla

En repostería, la manga pastelera tiene tres usos: para distribuir preparaciones en todo tipo de superficies, como en moldes, charolas, platos o vasos para postre; para rellenar panes y pasteles con preparaciones como ganaches, mousses, cremas, betunes, caramelos y salsas, y para decorar *cupcakes*, muffins y pasteles.

La técnica de decorado con manga pastelera requiere el uso de una duya, la cual permite realizar trazos o diseños finos y uniformes de distintos tamaños y grosores, como líneas, puntos, tejidos, flores y letras. Los ingredientes o preparaciones más utilizados para este fin son el *royal icing* y el chocolate derretido.

1. Si utiliza una manga pastelera de plástico, córtele la punta. [1]
2. Introduzca el cople en la manga. [2]
3. Coloque la duya en la base del cople y enrósquelo. [3]
4. Llene la manga pastelera con la preparación deseada sin sobrepasar la mitad de su capacidad. [4] [5]
5. Deslice la preparación hacia la punta de la manga, empujándola delicadamente con una raspa. Doble y enrolle la parte superior de la manga hacia abajo hasta que la preparación esté bien compacta. Antes de utilizarla, presiónela suavemente hasta sacarle todo el aire. [6]

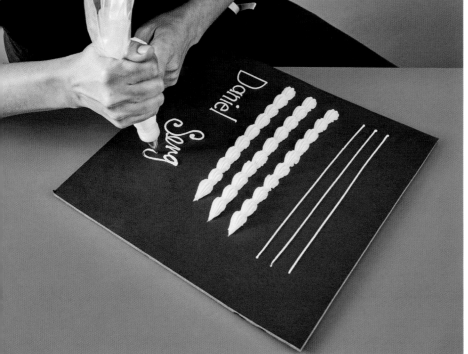

**Antes del montaje y decorado**

# Elaborar un cono de celofán y rellenarlo

El cono de celofán se utiliza como sustituto de una manga pastelera con duya del número 0 o 1. Sirve para hacer decoraciones muy finas con *royal icing*, betún o chocolate derretido. El tamaño del rectángulo con el que se elabora el cono puede variar según la cantidad de relleno que vaya a introducir en él.

1. Corte un rectángulo de celofán de 8 × 20 centímetros y colóquelo verticalmente frente a usted.
2. Doble una de las puntas superiores del rectángulo hacia el centro de éste, en diagonal. ☐
3. Enrolle el rectángulo sobre sí mismo siguiendo la forma del doblez para obtener un cono. Pegue la orilla con cinta adhesiva. ☐ ☐
4. Llene el cono de celofán con la preparación deseada sin sobrepasar la mitad de su capacidad. ☐
5. Doble la parte superior del cono y ciérrelo con cinta adhesiva. ☐ ☐

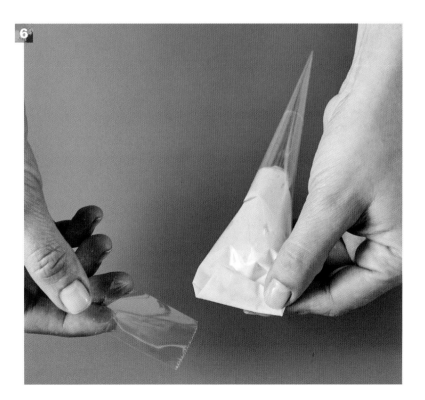

# Colorear

Para colorear fondant, betún, *royal icing* y chocolate, se recomienda usar colorante en gel. La cantidad de colorante dependerá del color y el grado de intensidad que desee obtener. Es recomendable aplicar inicialmente una pequeña cantidad de colorante, y una vez integrado en la preparación, agregar, si fuera necesario, más colorante, gota a gota, para ajustar el color.

## Fondant

Utilice guantes desechables untados con un poco de manteca vegetal para realizar esta operación.

1. Tome la cantidad requerida de fondant blanco y coloque unas gotas de colorante en medio del fondant. ☐

2. Extienda el fondant con las manos y dóblelo sobre sí mismo o enrósquelo; repita esta acción varias veces hasta obtener un color uniforme. ☐ ☐

3. Extienda el fondant para verificar que el color sea uniforme; si nota un marmoleo, continúe amasándolo hasta uniformarlo. Añada más colorante, si lo desea, y amase nuevamente hasta obtener un color uniforme. ☐

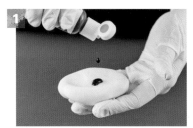

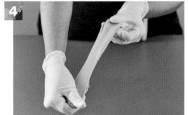

## Betún de manteca

Puede aplicar color a un betún a mano o en una batidora eléctrica con pala. Tenga en cuenta que al añadirle color al betún, después de un tiempo de reposo, el color se intensificará.

1. Coloque el betún en un tazón y añádale algunas gotas del colorante deseado. ☐

2. Bata constantemente, con una espátula si lo hace a mano, o con la pala si lo hace en batidora, raspando ocasionalmente las paredes y la base del tazón hasta que el betún tenga un color uniforme. ☐ ☐

3. Deje reposar el betún para que el color se afiance.

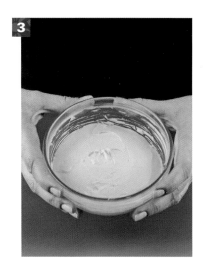

## Antes del montaje y decorado
# Colorear

## Royal icing

El *royal icing* se puede colorear a mano o en una batidora eléctrica con pala. Tenga en cuenta que la consistencia final del *royal icing*, después de añadirle el colorante, puede variar en función de la cantidad que agregó.

1. Coloque el *royal icing* en un tazón y añádale un poco de colorante. ☐
2. Bata constantemente, con una espátula si lo hace a mano, o con la pala si lo hace en batidora, raspando ocasionalmente las paredes y la base del tazón hasta que el *royal icing* tenga un color uniforme. Añada más colorante si lo desea, y bata nuevamente hasta obtener un color uniforme. ② ③ ④
3. Antes de utilizarlo, bátalo nuevamente.

## Chocolate y ganache blancos

Utilice colorantes para chocolate, los cuales son liposolubles, para aplicar color al chocolate derretido y a la ganache. En ambos casos es necesario que la consistencia del producto sea suave y ligeramente fluida; de lo contrario, deberá calentarlo algunos segundos en el microondas.

1. Coloque el chocolate derretido o la ganache en un tazón y añádale algunas gotas del colorante deseado. ☐
2. Bata constantemente con una espátula, raspando ocasionalmente las paredes y la base del tazón, hasta que el chocolate o la ganache tenga un color uniforme. Añada más colorante si lo desea, y bata nuevamente hasta obtener un color uniforme. ② ③ ④

Para teñir alguna preparación, ya sea betún, *royal icing*, ganache o chocolate, de color rojo, ésta deberá tener primero una base amarilla.

# Rellenar

Para lograr que un pastel recubierto con fondant, pastillaje o mazapán luzca perfecto, es necesario que los bizcochos o panes que lo componen sean lo más uniformes y lisos posible. Cada uno de los pisos de un pastel puede estar compuesto por uno o varios bizcochos apilados (dependiendo de la altura y la forma deseada) y con un relleno entre cada uno. Es recomendable que antes de rellenar y cubrir los bizcochos, mida la altura deseada de cada uno con una regla y, en caso de ser necesario, corte el bizcocho con un cuchillo de sierra. Posteriormente, puede cubrir cada piso con fondant y montarlos uno encima de otro.

## Bizcochos

Debido a que el relleno es uno de los primeros pasos que se realizan para el montaje de un pastel, es recomendable que sea lo suficientemente firme, como un betún de mantequilla, manteca, o queso crema, o una ganache, para que conserve su consistencia durante largo tiempo y no se desborde a lo largo de todo el proceso de montaje del pastel; por lo mismo, es necesario que tenga un tiempo de vida relativamente largo.

## Hueco

1. Marque en la superficie del bizcocho la circunferencia o el área que ahuecará, utilizando un aro si es un pastel circular, o un marco si es uno cuadrado o rectangular. ☐1 ☐2
2. Ahueque el área marcada cortando y retirando el bizcocho con un cuchillo. ☐3
3. Rellene el hueco con un relleno firme, el de su preferencia, y añada, si lo desea otros ingredientes, como mermelada, frutas liofilizadas o frutos secos. ☐4 ☐5
4. Coloque encima otro bizcocho.

# Montaje
# Rellenar

## Borde

1. Introduzca betún en una manga pastelera y distribúyalo por toda la orilla del bizcocho. [1]
2. Distribuya otro tipo de relleno, como ganache, mermelada, crema pastelera, crema batida, frutos secos o frutas liofilizadas, dentro del área que enmarcó. [2] [3]
3. Coloque encima otro bizcocho. [4] [5]

## Cupcake

1. Haga un orificio en el centro del *cupcake* con un descorazonador para *cupcake*, o con una duya número 808 u 809. Reserve el trozo de pan que haya retirado. [1] [2]
2. Introduzca el relleno de su elección (ganache, crema, mermelada) en una manga pastelera y rellene el orificio. [3]
3. Tape el orifico con el trozo de pan que reservó. [4]

# Corte y apilado

1. En caso de que la superficie de los bizcochos, redondos o cuadrados, no sea lisa, hágales un corte horizontal, con un cuchillo de sierra con el objetivo de uniformarla. 1

2. Rellene uno de los bizcochos siguiendo la técnica de su preferencia (**ver Rellenar, págs. 42-43**).

3. Coloque otro de los bizcochos sobre una base de cartón, y deslícelo con cuidado sobre el bizcocho con el relleno, de manera que queden bien alineados. 2 3

4. Corte con el cuchillo de sierra las orillas de los bizcochos apilados, de arriba abajo, procurando realizar un corte limpio y parejo. 4 5 6

Utilice bizcochos congelados para facilitar y obtener un corte uniforme.

## Montaje

# Elaboración de patrones y esculpido

Los patrones le permitirán modelar o esculpir fácilmente bizcochos o bloques de arroz inflado para obtener todo tipo de figuras en varios tamaños.

Un patrón se compone de una serie de plantillas de cartón, que sirven como un modelo bidimensional, que se coloca sobre un bizcocho o un bloque de arroz inflado para reproducir las distintas fases de una figura tridimensional. Por ejemplo, el patrón de un busto se compone de tres plantillas: la plantilla que representa la parte frontal (pecho) y trasera (espalda) del busto; la que representa los costados (izquierdo y derecho) y la base (óvalo). Estas plantillas pueden confeccionarse del tamaño que desee, de cartón o de cartulina. Es recomendable que enmique los patrones una vez que los haya cortado, para que no se engrasen al estar en contacto con los bizcochos y pueda reutilizarlos.

Para realizar cualquier tipo de escultura es recomendable rellenar y apilar los bizcochos con antelación, para después, congelarlos. Esto facilita el esculpido y asegura obtener un buen resultado.

El siguiente es un ejemplo de cómo utilizar un patrón para esculpir un busto en un bizcocho de trufa, aunque se puede esculpir en cualquier tipo de bizcocho firme o en un bloque de arroz inflado.

## Esculpir un busto

1. Realice el patrón del busto.
2. Compruebe que la altura y los lados del bizcocho sean lo suficientemente grandes para poder cortarlo, según el tamaño de las plantillas que usará como guía.
3. Coloque sobre el bizcocho la plantilla de la parte frontal del busto y corte el bizcocho de arriba abajo, siguiendo el contorno de la figura y procurando que el corte sea lo más derecho posible. ☐ ☐
4. Gire el bizcocho 90° para esculpir los costados. Coloque la segunda plantilla sobre el bizcocho y corte siguiendo el contorno de la figura. ☐ ☐
5. Dele forma a la base del busto con la tercera plantilla siguiendo la misma técnica.
6. Finalmente, haga dos cortes en diagonal entre los dos pechos y retire el triángulo de bizcocho excedente. Afine la forma de los pechos con las manos y cubra el busto con betún o ganache. ☐ ☐

**Montaje**

# Resanar

Resanar un bizcocho consiste en cubrirlo con una capa fina de betún o ganache antes de cubrirlo con fondant. Esta primera cobertura otorga firmeza al pastel y una base suave y lisa sobre la cual aplicar la cubierta externa. Antes de comenzar a resanar, el bizcocho ya debe de tener el tamaño y la forma final deseada y debe estar libre de rebabas. Para obtener mejores resultados y facilitar la técnica, es recomendable que el bizcocho esté bien frío o congelado, y usar una base giratoria y una espátula angulada.

## Bizcochos altos

1. Coloque el bizcocho sobre una base giratoria y cubra los costados con ganache de chocolate firme de la siguiente manera: unte la ganache poco a poco con una espátula angulada, moviéndola de arriba abajo para obtener una superficie lisa y uniforme, mientras gira la base. ☐

2. Unte suficiente ganache de chocolate firme en la superficie del pastel. Coloque la espátula horizontalmente sobre la ganache y, sin presionar, gire la base para retirar el exceso de ganache. ☐

3. Alise bien toda la superficie del pastel de la siguiente forma: alinee el borde de una raspa larga con las paredes del pastel, inclínela ligeramente y, sin ejercer mucha presión, gire la base. Repita este paso con la parte superior del pastel. ☐ ☐

## Bizcochos bajos

1. Coloque el bizcocho sobre una base giratoria y cubra los costados con betún de la siguiente manera: unte el betún poco a poco con una espátula angulada, moviéndola de arriba abajo para obtener una superficie lisa y uniforme, mientras gira la base. ☐

2. Unte suficiente betún en la superficie del pastel. Coloque la espátula horizontalmente sobre el betún y, sin presionar, gire la base para retirar el exceso de betún. ☐ ☐

3. Alise toda la superficie del pastel con la espátula. ☐

**Montaje**

# Cubrir con fondant

## Grosores óptimos de fondant

| Pasteles | 3 milímetros |
|---|---|
| *Cupcakes* | 1 milímetro |
| Galletas | 1 milímetro |
| Bases de soporte | 5 milímetros |

## Cantidades óptimas de fondant

| Diámetro o lado | Pastel redondo | Pastel cuadrado | Base de soporte redonda | Base de soporte cuadrada |
|---|---|---|---|---|
| 15 cm | 750 g | 850 g | — | — |
| 18 cm | 875 g | 1 kg | 315 g | 400 g |
| 20 cm | 1 kg | 1.25 kg | 420 g | 525 g |
| 23 cm | 1.25 kg | 1.5 kg | 550 g | 675 g |
| 25 cm | 1.5 kg | 1.8 kg | 650 g | 825 g |
| 30 cm | 2.1 kg | 2.35 kg | 950 g | 1.2 kg |
| 35 cm | 2.7 kg | 3 kg | 1.3 kg | 1.6 kg |
| 40 cm | 3.25 kg | 3.5 kg | 1.7 kg | 2.1 kg |
| 45 cm | 3.75 kg | 4 kg | 2.2 kg | 2.7 kg |
| 50 cm | — | — | 2.6 kg | 3.3 kg |

## Rendimiento por pisos de pasteles

| Tamaño del pastel: diámetro o lado | Porciones | |
|---|---|---|
| | Pastel redondo | Pastel cuadrado |
| 15 cm | 12 | 18 |
| 18 cm | 16 | 25 |
| 20 cm | 20 | 32 |
| 23 cm | 28 | 41 |
| 25 cm | 36 | 50 |
| 30 cm | 43 | 72 |
| 35 cm | 76 | 98 |
| 40 cm | 92 | 120 |
| 45 cm | 110 | 140 |
| 50 cm | 120 | 150 |

## Bases de soporte

Forrar con fondant la base de soporte de un pastel permite realzar su presentación final para darle un acabado profesional. Las bases deben forrarse un día antes de que el pastel sea cubierto, para que puedan secarse a tiempo y sean más fáciles de transportar.

1. Espolvoree un poco de fécula de maíz sobre una superficie lisa o un tapete de silicón. Coloque encima la cantidad de fondant necesaria y amásela hasta que esté suave y moldeable. (**Ver tablas de Grosores y Cantidades óptimos de fondant, pág. 47**) Extiéndalo con un rodillo, en una sola dirección, hasta que tenga 1 milímetro de grosor.

2. Barnice la base de soporte con un poco de *piping gel* o de agua. [1]

3. Enrolle el fondant extendido sobre sí mismo. Colóquelo sobre una de las orillas de la base y desenróllelo poco a poco, dejándolo caer suavemente sobre la base, hasta cubrir toda su superficie. [2]

4. Alise toda la superficie del fondant con un alisador para fondant para pulirla. Recorte el exceso de fondant de las orillas con una miniespátula o con un utensilio con filo (cuchillo mondador, exacto, cúter). [3] [4] [5]

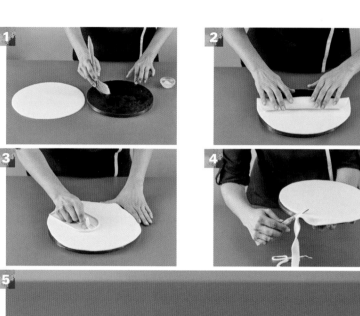

## Montaje
# Cubrir con fondant

# Pasteles

Si el pastel que va a cubrir con fondant estaba en refrigeración, su superficie estará lo suficientemente húmeda para pegar la cobertura, por lo que no será necesario barnizarla con *piping gel* o agua.

Si el lugar donde cubrirá el pastel es muy húmedo o caluroso, puede utilizar una cobertura de fondant con algún tipo de goma, como Tylose® o CMC.

## Pastel redondo. Técnica 1

Para cubrir un pastel redondo con fondant es recomendable que, una vez extendido, el fondant sea un poco más grande que el volumen del pastel. Para saber cuánto debe medir la lámina de fondant utilice la siguiente fórmula: $2(a \times 1.5) + b$.

- $a$ = medida de la altura del pastel
- $b$ = medida del diámetro del pastel

Por ejemplo, si el pastel mide 10 centímetros de altura y 15 centímetros de diámetro, el fondant deberá medir $2(10 \times 1.5) + 15 = 2\,(15) + 15 = 45$ centímetros de diámetro.

1. Espolvoree con un poco de fécula de maíz una superficie lisa o un tapete de silicón. Coloque encima la cantidad necesaria de fondant y amáselo hasta que esté suave y moldeable. (**Ver tablas de Grosores y Cantidades óptimos de fondant, pág. 47**) Extiéndalo con un rodillo, en una sola dirección, hasta obtener un disco de 3 milímetros de grosor y alise la superficie con un alisador para fondant. ① ② ③

2. Barnice la parte superior y todo el borde del pastel con *piping gel* o con agua. Enrolle el fondant extendido en el rodillo. ④

3. Coloque el rodillo con el fondant sobre una de las orillas del pastel. Desenrolle poco a poco el fondant dejándolo caer suavemente sobre el pastel. Asegúrese de que el centro del fondant quede alineado con el centro del pastel. ⑤

4. Pegue el fondant en la parte superior del pastel presionándolo suavemente con las manos; después, pegue los costados dándoles forma con las manos. ⑥ ⑦

5. Alise y aplane la parte superior y los costados del pastel con 2 alisadores para fondant. Recorte el exceso de fondant de las orillas con una miniespátula o con un utensilio con filo (cuchillo mondador, exacto, cúter). ⑧ ⑨ ⑩ ⑪ ⑫

## Montaje
# Cubrir con fondant

## Pastel redondo. Técnica 2

1. Espolvoree un poco de fécula de maíz sobre una superficie lisa o un tapete de silicón. Amase el fondant necesario y extiéndalo con el rodillo hasta que tenga 3 milímetros de grosor (**ver tablas de Grosores y Cantidades óptimos de fondant, pág. 47**). Alise su superficie con un alisador para fondant (**ver fotografías ① ② ③ de la pág. 49).**

2. Corte con un aro un disco de fondant del mismo tamaño que la circunferencia del pastel. ①

3. Barnice la parte superior del pastel con *piping gel* o con agua. Enrolle el disco de fondant sobre sí mismo, colóquelo sobre una de las orillas del pastel y desenróllelo para cubrir la parte superior. ②

4. Alise y extienda las orillas del disco de fondant con un alisador para fondant. Recorte el exceso de fondant de las orillas. ③ ④

5. Corte una tira de fondant que mida de largo un par de centímetros más que la circunferencia del pastel, y de ancho, la misma altura del pastel. ⑤

6. Barnice con *piping gel* o con agua todo el borde del disco de fondant de la parte superior del pastel, así como todo el costado del pastel. ⑥

7. Enrolle la tira de fondant sobre sí misma y rodee con ella el costado del pastel, desenrollándola poco a poco y presionándola suavemente con las manos para irla pegando. ⑦

8. Al terminar de rodear el pastel con la tira de fondant, una de las orillas de ésta deberá quedar sobrepuesta; ésta servirá para, al final, alinear y cerrar la unión. ⑧ ⑨ ⑩

9. Alise y aplane la parte superior y los costados del pastel con 2 alisadores para fondant. Recorte el exceso de fondant de la tira del borde con una miniespátula o con un utensilio con filo (cuchillo mondador, exacto, cúter). ⑪ ⑫ ⑬

# Cubrir con fondant

## Pastel cuadrado o rectangular.
## Técnica 1

Para cubrir un pastel cuadrado o rectangular con fondant es recomendable que, una vez extendido, el fondant sea un poco más grande que el volumen del pastel. Para saber cuánto debe medir la lámina de fondant, utilice la siguiente fórmula: $2(a \times 1.5) + b$.

- $a$ = medida de la altura del pastel
- $b$ = medida de los lados del pastel, el lado largo en el caso de un pastel rectangular.

Por ejemplo, si el pastel mide 10 centímetros de altura y sus lados miden 15 centímetros, el fondant deberá medir $2(10 \times 1.5) + 15 = 2(15) + 15 = 45$ centímetros por lado.

1. Espolvoree un poco de fécula de maíz sobre una superficie lisa o un tapete de silicón. Amase el fondant necesario y extiéndalo con el rodillo hasta obtener un cuadrado de 3 milímetros de grosor (**ver tablas de Grosores y Cantidades óptimos de fondant, pág. 47**). Alise su superficie con un alisador para fondant (**ver fotografías** [1] [2] [3] **de la pág. 49**).

2. Barnice la parte superior del pastel y los lados con *piping gel* o con agua. Enrolle el fondant extendido en el rodillo. [1]

3. Coloque el rodillo con el fondant sobre una de las orillas del pastel y desenrolle poco a poco el fondant, dejándolo caer suavemente sobre el pastel. [2]

4. Pegue el fondant en la parte superior del pastel presionándolo suavemente con las manos y, después, pegue los costados. Dé forma a las aristas moldeándolas con las manos; o bien, cortando el exceso de fondant haciendo un corte vertical por toda la arista con unas tijeras y, posteriormente, uniendo las orillas de ambos lados con las manos. [3] [4]

5. Alise y aplane la parte superior y los costados del pastel con 2 alisadores para fondant y, después, marque bien las aristas, presionado con un alisador toda la orilla que une los costados a la parte superior. Recorte el exceso de fondant de las orillas con una miniespátula o con un utensilio con filo (cuchillo mondador, exacto, cúter). [5] [6] [7]

# Montaje
# Cubrir con fondant

## Pastel cuadrado o rectangular.
## Técnica 2

1. Espolvoree un poco de fécula de maíz sobre una superficie lisa o un tapete de silicón. Amase el fondant y extiéndalo con el rodillo hasta que tenga 3 milímetros de grosor (**ver tablas de Grosores y Cantidades óptimos de fondant, pág. 47**). Alise su superficie con un alisador para fondant (**ver fotografías ① ② ③ de la pág. 49**).

2. Corte un cuadrado o rectángulo de fondant del mismo tamaño que la parte superior del pastel y colóquelo sobre una base de cartón para pastel.

3. Barnice la parte superior del pastel con *piping gel* o con agua. Coloque la base con el fondant en una de las orillas superiores del pastel, y vaya deslizando gradualmente el fondant, al mismo tiempo que retira la base. ①

4. Corte cuatro tiras de fondant, cada una del mismo tamaño que las paredes del pastel.

5. Barnice con *piping gel* o con agua los bordes del cuadro o rectángulo de fondant de la parte superior del pastel, así como las paredes del pastel. ②

6. Enrolle una de las tiras de fondant y péguela en una de las paredes del pastel desenrollándola poco a poco. Alísela con un alisador para fondant. Repita este paso con la pared opuesta y, posteriormente, con las dos paredes restantes. ③ ④ ⑤

## Montaje
# Cubrir con fondant

## Galletas

1. Espolvoree un poco de fécula de maíz sobre una superficie lisa o un tapete de silicón. Amase la cantidad necesaria de fondant y extiéndalo con el rodillo hasta que tenga 1 milímetro de grosor. Alise su superficie con un alisador para fondant (**ver fotografías** ☐ ☐ ☐ **de la pág. 49**).
2. Barnice la galleta con *piping gel*. ☐
3. Corte el fondant con el mismo cortador con el cual hizo las galletas, y retírele la rebaba. ☐
4. Cubra la galleta con el fondant. ☐

## Cupcakes

1. Espolvoree un poco de fécula de maíz sobre una superficie lisa o un tapete de silicón. Amase la cantidad necesaria de fondant y extiéndalo con el rodillo hasta que tenga 1 milímetro de grosor. Alise su superficie con un alisador para fondant (**ver fotografías** ☐ ☐ ☐ **de la pág. 49**).
2. Corte el fondant con un cortador circular del mismo diámetro del *cupcake*. ☐
3. Cubra el *cupcake* con un poco de betún o *piping gel* y fórrelo con el disco de fondant. ☐
4. Alise la superficie con un alisador para fondant. ☐

**Montaje**

# Apilar y montar pasteles

Para colocar un pastel cubierto sobre una base de soporte, esparza un poco de *royal icing* en el centro de la base de soporte. Sostenga el pastel con ambas manos, desde abajo, y colóquelo cuidadosamente sobre la base de soporte. Acomode el pastel en el centro de la base utilizando 2 alisadores para fondant para que no pierda su textura lisa.

Para poder apilar pasteles éstos deben ser firmes y, en caso de que estén cubiertos con betún, ganache o fondant, estar secos.

Cada uno de los pisos de pastel debe estar colocado sobre una base de cartón gruesa del mismo tamaño que la base del bizcocho.

Si el pastel que va a montar es muy alto, deberá colocar columnas cada dos pasteles y éstas deben ser del mismo tamaño en cada uno de los pisos. El tamaño y el peso del pastel determinarán la cantidad de columnas que deberá llevar cada piso para tener un soporte óptimo; considere que, a mayor peso y tamaño, mayor cantidad de columnas. Coloque las columnas en cada uno de los pisos del pastel antes de apilarlos; posteriormente, fije con *royal icing* un piso sobre otro y, finalmente, revise por varios ángulos que el pastel superior esté correctamente colocado sobre el otro. Deje asentar cada piso durante 15 minutos antes de colocar el siguiente.

1. Marque la altura de los pisos del pastel en una brocheta de bambú. ☐
2. Utilice la brocheta como guía para cortar las columnas del mismo tamaño que la altura de los pasteles que apilará. Retire la rebaba con tijeras. ☐
3. Inserte las columnas en la parte superior del piso inferior del pastel, presionándolas hacia abajo hasta que topen con la base; el extremo superior de las columnas debe quedar al ras del pastel. Asegúrese de que las columnas se encuentren dentro del área de la base de soporte del piso superior. ☐
4. Coloque encima el pastel que formará el piso siguiente, centrado sobre el pastel del piso inferior ☐
5. Repita los pasos 1 a 4 con el resto de los pisos. Finalmente, atraviese el pastel, desde el centro y de arriba abajo, con una brocheta o palo de madera. ☐

**Decoraciones**

# Fondant

El fondant se puede modelar para hacer todo tipo de figuras, bidimensionales y tridimensionales, y de texturas. Para elaborarlas es importante trabajar con trozos pequeños de fondant y, en el caso de las figuras bidimensionales y de las texturas, extenderlos hasta obtener láminas muy delgadas. El fondant debe amasarse sobre un tapete para fondant o sobre una mesa de trabajo espolvoreada con un poco de fécula de maíz hasta que adquiera una consistencia maleable; posteriormente, se debe extender con un rodillo pequeño para fondant hasta obtener un grosor uniforme de entre 1 y 3 milímetros. Para

lograr láminas de fondant muy delgadas y uniformes, puede extenderlo con una laminadora de pasta.

La fécula de maíz ayuda a que el fondant no se pegue a la mesa, pero debe evitar utilizarla en exceso; de lo contrario, el fondant se reseca y resulta difícil extenderlo, además de que se agrieta.

Para hacer figuras o texturas de fondant con moldes, es recomendable incorporar al fondant una pequeña cantidad de alguna goma estabilizante, como CMC o Tylose®, la cual le proporciona elasticidad y permite estirarlo sin que se rompa. Es preciso mencionar que las gomas actúan

como estabilizantes y equilibran la humedad del fondant, evitando que se agriete; no obstante un exceso en la cantidad de goma puede tener un efecto contrario, por lo que es importante cuidar las proporciones: entre 1 y 3 cucharaditas de goma por cada 500 gramos de fondant.

Para integrar CMC o Tylose® al fondant, amáselo ligeramente en un tapete para fondant o de silicón y forme con él una esfera. Aplástela con las manos, coloque al centro la goma CMC o Tylose® y doble el fondant sobre sí mismo para cubrir la goma. Después, amase el fondant hasta que la goma se haya incorporado.

**Decoraciones**
# Fondant

## Con moldes

1. Amase una cantidad de fondant que sea suficiente para cubrir el molde y todas sus cavidades, pero sin que sea excesiva.
2. Coloque el fondant en el molde y presiónelo poco a poco dentro de él. Alise la superficie con los dedos o con un rodillo para fondant y presiónela para cubrir bien las cavidades del molde y evitar que se formen bolsas de aire. ☐1 ☐2
3. Para desmoldar la pieza de fondant, dele vuelta al molde y colóquelo sobre su mano o sobre una mesa de trabajo, de acuerdo con el tamaño de éste. Después, jale el molde con una mano mientras sujeta la pieza de fondant con la otra. Deje secar la decoración hasta que esté firme. ☐3 ☐4

## Texturas

1. Amase la cantidad de fondant que desee marcar.
2. Coloque el fondant en el molde o el texturizador y presiónelo poco a poco. Alise la superficie con los dedos y, después, con un rodillo para fondant. ☐1 ☐2
3. Desprenda la pieza del molde y déjela secar. ☐3

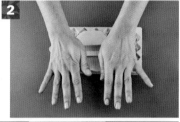
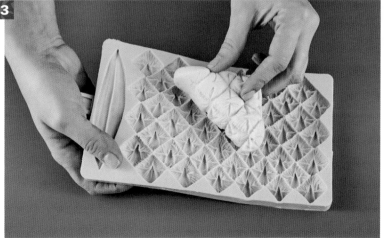

# Con patrones

Los cortadores para galleta son muy prácticos para crear distintas figuras y formas con fondant. Sin embargo, no siempre es posible encontrarlos con las características necesarias para obtener la forma deseada. La solución ante ello es elaborar un patrón con distintas plantillas que permitan cortar el fondant en todo tipo de formas y en cualquier tamaño. Para confeccionar un patrón puede dibujar o fotocopiar en una hoja la figura que desee reproducir con todos los detalles y en el tamaño que desee que tenga la pieza de fondant final. Posteriormente, para hacer las plantillas, deberá cortar los distintos componentes de la figura. Si desea que las plantillas sean más resistentes puede pegar las partes de la figura sobre una cartulina, recortarlas y enmicarlas. Para usar las plantillas obtenidas, colóquelas sobre fondant extendido y córtelo, siguiendo todo el contorno de la plantilla con un exacto o un cúter. (**Consulte los patrones de las págs. 152-158 para realizar algunos de los diseños de este libro.**)

# Moño

1. Amase la cantidad deseada de fondant y extiéndalo hasta que tenga un grosor de 1 milímetro.
2. Corte del fondant 3 tiras largas y delgadas, una de ellas un poco más corta. Tome una de las tiras largas, doble una de sus puntas por la mitad sobre sí misma y, después, doble las orillas de esa misma punta hacia arriba. Repita este paso con el extremo contrario y júntelos para obtener el primer bucle del moño. ① ② ③
3. Forme un segundo bucle con la otra tira larga. Una los dos bucles de las puntas presionándolos ligeramente. ④
4. Doble las puntas de la tira restante, la más corta, de la misma forma que las tiras anteriores y envuélvala en la unión de los dos bucles; péguela presionando suavemente con una miniespátula. ⑤ ⑥ ⑦ ⑧

## Decoraciones
# Cubrir con fondant

## Cuello para camisa

1. Amase la cantidad deseada de fondant y extiéndalo hasta que tenga un grosor de 1 milímetro.

2. Corte del fondant un rectángulo largo y delgado y, después, corte los extremos en diagonal para obtener un trapecio. Dóble-lo a lo largo por la mitad sobre sí mismo y presione ligeramente a lo largo del do-blez. Después, dóblelo nuevamente sobre sí mismo hasta que ambas puntas se to-quen. Afine la forma del cuello presionan-do suavemente los lados. ⬜1 ⬜2 ⬜3 ⬜4

## Gancho para esfera navideña

1. Amase la cantidad deseada de fondant color gris hasta que sea maleable. Hágalo rodar sobre la superficie de trabajo, de arriba abajo, hasta obtener un cilindro. Corte del centro del cilindro un trozo de 1 centímetro de largo. Aplane bien los lados y afine su forma rodándolo suave-mente sobre la mesa de trabajo. ⬜1 ⬜2 ⬜3

2. Extienda una cantidad del fondant gris hasta que tenga un grosor de 1 milímetro y extraiga de él una estrella de fondant con un cortador para galletas pequeño. ⬜4

3. Unte la estrella con un poco de *piping gel* y péguela en una de las puntas del cilin-dro de fondant, de manera que el centro de la estrella quede al centro de la punta del cilindro. Doble las puntas de la estre-lla hacia abajo y péguelas. ⬜5 ⬜6

4. Moldee con el resto del fondant color gris una tira cilíndrica muy delgada y corta. Haga dos orificios pequeños en la punta del cilindro, sobre la estrella, e inserte las puntas del gancho en cada uno de los ori-ficios con ayuda de una herramienta para fondant de punta fina. ⬜7

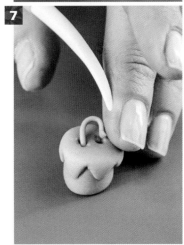

# Chocolate

Para elaborar las decoraciones con chocolate de este libro es recomendable utilizar chocolate sucedáneo de buena calidad. Este tipo de chocolate es ideal para este fin, ya que a diferencia de la cobertura de chocolate, no necesita temperarse, por lo que es más sencillo y más rápido hacer las decoraciones.

Para derretir el chocolate sucedáneo a baño maría, coloque sobre fuego alto una olla con un poco de agua. Cuando hierva, reduzca el fuego a media intensidad. Mientras tanto, trocee el chocolate sucedáneo

y colóquelo en un tazón que sea más grande que la olla, de manera que al colocarlo encima de ésta, su base no haga contacto con el agua caliente. Ponga el tazón sobre la olla con el agua caliente y deje que el chocolate se derrita, mezclándolo ocasionalmente con una espátula de plástico. Cuando el chocolate esté completamente derretido y tenga una consistencia tersa, retire el tazón del baño maría. Seque la base y las paredes externas del tazón con un trapo para evitar que caiga agua en el chocolate derretido.

Para derretir el chocolate sucedáneo en microondas, trocee el chocolate y colóquelo en un recipiente de plástico o vidrio. Caliéntelo en el microondas a potencia media durante 30 segundos. Saque el recipiente del microondas y mezcle el chocolate con una espátula de plástico. Repita esta operación, calentando el chocolate en intervalos de 30 segundos y mezclándolo, hasta que esté completamente derretido y tenga una consistencia homogénea y tersa.

## Esferas

1. Derrita el chocolate a baño maría o en el microondas.
2. Vierta el chocolate derretido en un molde de silicón de media esfera y gírelo, inclinándolo ligeramente, hasta que el chocolate cubra bien las paredes del molde. La capa de chocolate no deberá ser muy delgada. ☐1 ☐2
3. Refrigere el molde durante 15 minutos o hasta que el chocolate se haya endurecido. Voltee el molde sobre una superficie y desmolde la pieza. ☐3

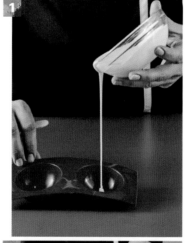

# Decoraciones
## Chocolate

# Figura

1. Derrita el chocolate a baño maría o en el microondas.
2. Aplique sobre un tapete de silicón una capa de abrillantador dorado con ayuda de una brocha. [1]
3. Vierta el chocolate derretido sobre el tapete de silicón y extiéndalo con una espátula hasta obtener una capa delgada con un grosor uniforme. [2] [3]
4. Doble el tapete sobre sí mismo, en diagonal, y sujételo de las orillas con una pinza. Refrigérelo durante 10 minutos o hasta que el chocolate se haya endurecido. [4]
5. Retire la pinza y despegue la figura delicadamente. [5] [6]

Esta figura de chocolate es una alternativa de decoración de pasteles. Puede realizarla de distintos tamaños y pintarla con el abrillantador de su preferencia.

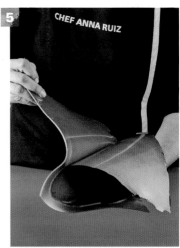

# Royal icing

Utilice esta técnica para trazar líneas rectas, para delinear el contorno de las galletas y para escribir.

1. Introduzca *royal icing* en una manga pastelera con duya lisa. El tamaño de la duya dependerá del grosor que desee que tengan las líneas.
2. Para trazar una línea, apoye la duya en la superficie con una inclinación de 45°. Presione y levante ligeramente la duya de la superficie, forme la línea, deje de presionar y apoye suavemente la duya sobre la superficie. ☐ ☐ ☐

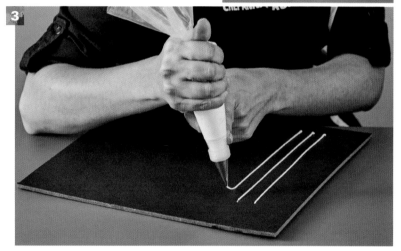

## Decoraciones

# Varias

# Encaje

Si realiza el encaje en un lugar con mucha humedad, es recomendable dejarlo secar en un ambiente con aire acondicionado. Este encaje se conserva bien durante 1 semana envuelto en polipapel y en un lugar seco y fresco.

### INGREDIENTES

- 2 cucharadas de agua hirviendo
- ½ cucharada de goma Tylose® o CMC
- ½ cucharadita de jarabe de maíz
- 1 ½ cucharadas de merengue en polvo
- cantidad suficiente de colorante líquido o en polvo, del color que indique la receta

### PROCEDIMIENTO

1. Mezcle en un tazón el agua con el Tylose® o CMC utilizando un batidor globo. Incorpore poco a poco el jarabe de maíz y el merengue en polvo. Finalmente, agregue algunas gotas de colorante. Bata entre 10 y 12 minutos o hasta que obtenga una consistencia chiclosa. ☐1 ☐2 ☐3

2. Extienda la preparación sobre un tapete de silicón con textura de encaje; deberá obtener una capa muy delgada con un grosor uniforme. Deje secar y, después pase suavemente por encima un trapo húmedo. Deje secar el encaje nuevamente durante 1 hora o hasta que al tocarlo no se pegue a los dedos. ☐4 ☐5

3. Dele la vuelta al tapete de silicón y despegue delicadamente el encaje. ☐6 ☐7

Puede utilizar una raspa para sujetar el encaje al momento despegarlo del tapete de silicón.

# Hoja de grenetina

Si desea obtener un acabado brillante, agregue diamantina cuando añada el colorante. Puede conservar la hoja de grenetina en un lugar fresco y seco hasta por 6 meses.

## INGREDIENTES

- 3 cucharadas de agua a temperatura ambiente
- 1 cucharada de grenetina en polvo
- cantidad suficiente de colorante en gel del color que indique la receta

## PROCEDIMIENTO

1. Disuelva la grenetina en el agua, déjela reposar durante 5 minutos y derrítala en el microondas.
2. Añada a la grenetina algunas gotas de colorante y mézclelo bien hasta obtener un color uniforme. Si es necesario, agregue un poco más de colorante y mezcle nuevamente. [1] [2]
3. Extienda la grenetina en un tapete de silicón hasta obtener una capa muy delgada con un grosor uniforme. Déjela secar durante 1 hora o hasta que al tocarla no se pegue a los dedos. [3] [4] [5]
4. Despegue delicadamente la hoja de grenetina del tapete. [6]

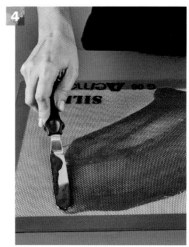

**Decoraciones**

## Varias

# Tela comestible

Puede conservar la tela en un lugar fresco y seco hasta por 6 meses.

### INGREDIENTES

- 4 cucharadas de grenetina
- 4 cucharadas de agua
- 2 cucharadas de glicerina
- 1 hoja de arroz impresa con el diseño de su preferencia
- cantidad suficiente de fécula de maíz

### PROCEDIMIENTO

1. Disuelva la grenetina en el agua, déjela reposar durante 5 minutos y derrítala en el microondas.
2. Retire la espuma de la grenetina con una cuchara e incorpórele la glicerina. Caliéntela nuevamente durante 15 segundos.
3. Coloque la hoja de arroz sobre un tapete de silicón, viértale encima la mitad de la grenetina y extiéndala con una brocha. Despegue la hoja con ayuda de una espátula y dele la vuelta. Vierta el resto de la grenetina y extiéndala con la brocha. Déjela secar durante 10 minutos. ☐1 ☐2 ☐3 ☐4
4. Pase una miniespátula por todo el contorno de la hoja. Despéguela con cuidado y espolvoréela por ambos lados con un poco de fécula de maíz utilizando una brocha seca. ☐5 ☐6 ☐7 ☐8 ☐9

Si desea obtener una tela brillante, no añada la fécula de maíz.

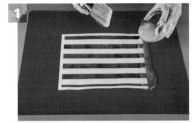

# Coral

## INGREDIENTES

- 100 ml de agua
- 62 ml de aceite
- 20 g de harina de trigo
- cantidad suficiente de colorante líquido del color que indique la receta

## PROCEDIMIENTO

1. Mezcle todos los ingredientes con batidor globo hasta obtener una mezcla homogénea y sin grumos. ☐1 ☐2 ☐3

2. Ponga sobre fuego medio un sartén antiadherente y añádale una cuarta parte de la preparación. Incline ligeramente el sartén y gírelo para cubrir toda su superficie con la mezcla. Deje cocer la preparación durante algunos minutos o hasta que se vea seca. Retírela del sartén con unas pinzas desprendiéndola poco a poco de las orillas. ☐4 ☐5

3. Coloque el coral sobre papel absorbente para retirarle el exceso de grasa. ☐6 ☐7

4. Repita los pasos 2 y 3 con el resto de la preparación.

## Decoraciones
# Varias

# Merengues

Puede conservar los merengues en un recipiente hermético, en un lugar fresco y seco, hasta por 3 meses.

## INGREDIENTES

- 300 g de azúcar
- 150 g de claras frescas
- 2 gotas de extracto o esencia del sabor de su preferencia (opcional)
- colorante en gel o en polvo del color de su preferencia (opcional)

## PROCEDIMIENTO

1. Precaliente el horno a 90 °C.
2. Mezcle en el tazón de una batidora las claras con el azúcar. Coloque el tazón a baño maría y bata las claras a mano hasta que el azúcar se disuelva y obtenga punto de hilo; es decir, cuando al tomar un poco del merengue entre el dedo índice y el pulgar, al separarlos, se forme un hilo que no se rompa inmediatamente. ① ② ③ ④
3. Coloque el tazón en la batidora eléctrica y bata la preparación a velocidad alta hasta que triplique su volumen y forme picos firmes. Añada, si lo desea, el saborizante y el colorante, y bata hasta obtener un color homogéneo. ⑤ ⑥
4. Introduzca la preparación en una manga pastelera con la duya de su preferencia, y forme los merengues sobre una charola con tapete de silicón o papel siliconado. Hornéelos durante 1½ horas. Retírelos del horno y déjelos enfriar antes de desprenderlos del tapete de silicón o papel siliconado. ⑦ ⑧

# Proyectos de decoración

Los proyectos de decoración de galletas, *cupcakes* y pasteles, que se presentan a continuación, están divididos por temas y cada uno se compone por varios diseños distintos. El ⊕ al inicio de cada proyecto ilustra las combinaciones de colores en cada uno ellos, mismas que fueron elegidas cuidadosamente para resaltar las características de cada elemento, así como la temática del proyecto; sin embargo, si usted así lo requiere, puede modificarlas. En el caso de las galletas y de los *cupcakes*, las indicaciones y procedimientos le enseñarán cómo realizar el diseño en una sola pieza, en galletas individuales, es decir, entre 5 y 8 centímetros, y *cupcakes* de tamaño estándar, entre 4 y 6 centímetros de diámetro. La cantidad requerida de ingredientes será determinada por la cantidad o el tamaño de las piezas que desee realizar.

# Galletas decoradas

Para realizar las decoraciones de esta sección utilice la masa de galletas del sabor de su elección (**ver Galletas, págs. 25-27**). Puede cortar las galletas con cortadores para galleta o con plantillas y hacerlas del tamaño que desee, procurando que todas las galletas sean del mismo tamaño y que los elementos decorativos (piezas hechas con troquel, con cortadores o de fondant) sean de un tamaño proporcional al de las galletas. Es recomendable usar un pincel delgado para pegar las decoraciones con *piping gel* o con alguno de los pegamentos de la página **24**.

El grosor ideal del fondant para cubrir las galletas y para realizar decoraciones es de 1 milímetro; recuerde extenderlo con un rodillo para fondant sobre una superficie espolvoreada con muy poca fécula de maíz (**ver fotografías ① ② ③ de la pág. 49**), o bien, en una laminadora de pasta. Deje secar bien la galleta después de cubrirla con fondant, con *royal icing* o de pegarle alguna decoración.

# Calabazas

## INGREDIENTES

- 4 galletas con 2 formas distintas de calabaza
- fondant: anaranjado, negro, blanco, amarillo, morado y rosa
- *royal icing*: firme color negro; firme color blanco, y firme color amarillo (**ver págs. 20 y 39**)
- encaje color negro (**ver pág. 63**)
- *piping gel*
- diamantina negra
- moño de fondant negro (**ver pág. 58**)
- manteca vegetal
- abrillantador dorado
- ron
- diamantina plateada
- pintura comestible del color de su preferencia

## UTENSILIOS

- rodillo para fondant
- los cortadores con los que elaboró las galletas en forma de calabaza
- exacto o cúter
- tijeras
- alfiler
- 2 esténciles: 1 con diseño de líneas o de grecas y 1 con diseño de telaraña
- miniespátula
- cono de celofán
- manga pastelera con duya núm. 352
- molde de silicón para hacer flores pequeñas, de ½ cm aprox.
- pinceles, incluyendo 1 angular
- molde de silicón con forma de araña de 3 cm aprox.

## CALABAZA DE TELARAÑA

1. Amase un poco de fondant negro y extiéndalo hasta que tenga un grosor de 1 milímetro. Forme en él una calabaza con uno de los cortadores para galleta y extráigala.

2. Coloque el esténcil con diseño de telaraña sobre el fondant negro con forma de calabaza, dejando el tallo por fuera. Cubra todo el diseño del esténcil con manteca vegetal, encima diamantina plateada y extiéndala con las manos hasta cubrir bien el diseño. Despegue el esténcil con cuidado y deje secar durante 10 minutos. ① ② ③ ④

3. Unte la galleta con un poco de *piping gel* y péguele encima el fondant con el diseño de telaraña. Deje secar la galleta. ⑤

4. Amase el fondant morado y forme una araña de fondant con ayuda del molde que tiene esta forma. Péguela a la galleta con un poco de *piping gel* y deje secar.

## CALABAZA CON ENCAJE

1. Amase el fondant anaranjado y extiéndalo con un rodillo para fondant hasta que tenga un grosor de 1 milímetro. Forme en él una calabaza con uno de los cortadores para galleta, extráigala y retírele el tallo.

2. Recorte el encaje para obtener un cuadro de un tamaño similar al de la calabaza de fondant. Unte la calabaza de fondant con un poco de *piping gel* y péguele encima el encaje, cuidando que quede plano. Recorte el exceso de encaje con unas tijeras siguiendo el contorno de la calabaza, y pegue las orillas con un poco de *piping gel*. Deje secar. ☐ ☐ ☐ ☐

3. Amase un poco de fondant negro y moldéelo en forma de tallo de calabaza utilizando el cortador para galletas como guía. Úntelo con *piping gel*, insértele el alfiler en la punta y revuélquelo en la diamantina negra hasta cubrirlo bien. Déjelo secar. ☐ ☐

4. Unte con un poco de *piping gel* una galleta de calabaza que tenga la misma forma de la calabaza de fondant y péguele encima esta última. Unte el tallo de la galleta con un poco de *piping gel* y pegue encima el tallo de fondant cubierto con diamantina. Finalmente, pegue el moño de fondant negro debajo del tallo y deje secar la galleta. ☐ ☐

## CALABAZA CON DISEÑO DE LÍNEAS Y DE GRECAS

1. Amase un poco de fondant blanco y extiéndalo con un rodillo para fondant hasta que tenga un grosor de 1 milímetro. Recórtelo de manera que obtenga un cuadrado de un tamaño similar a la galleta de calabaza que utilizará para este diseño.

2. Unte el cuadro de fondant blanco con un poco de manteca vegetal y colóquele encima el esténcil con diseño de líneas o de grecas. Extienda sobre el diseño el *royal icing* firme color negro con ayuda de la miniespátula hasta que quede bien cubierto. Retire el esténcil con cuidado y deje secar durante 10 segundos. ☐ ☐ ☐ ☐

3. Forme una calabaza sobre el fondant con las líneas o las grecas impresas, con ayuda del cortador para galletas que eligió para ese diseño, dejando la parte del tallo fuera del fondant, y extráigala. ☐

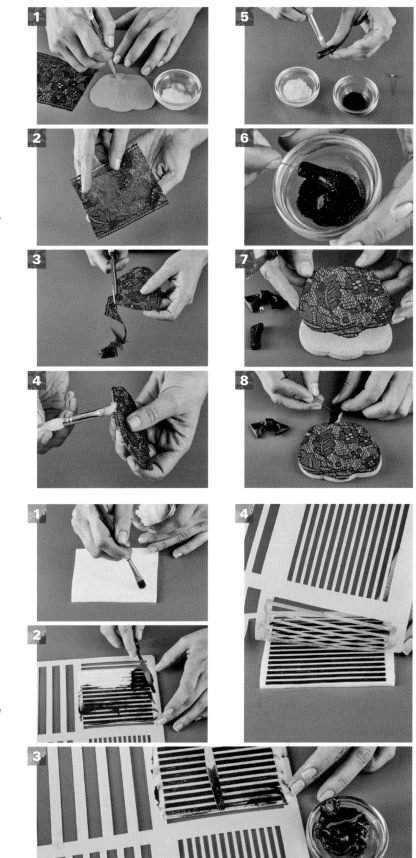

4. Unte con un poco de *piping gel* la galleta y péguele encima la figura de fondant, dejando libre el tallo. Deje que se seque.

5. Amase un poco de fondant amarillo y moldee a mano el tallo de la calabaza. Péguelo en la galleta con un poco de *piping gel*.

6. Si realizó una calabaza con diseño de líneas, decórela como sigue: llene el cono de celofán con *royal icing* firme color blanco y escriba sobre la galleta la leyenda de su preferencia, por ejemplo *Trick or Treat*. Haga algunas líneas debajo de las letras para simular que están goteando. Llene la manga pastelera con duya con *royal icing* firme color amarillo y dibuje unas hojas debajo del tallo de la calabaza. Deje secar. ⑥ ⑦

7. Si realizó una calabaza con grecas, amase un poco de fondant amarillo y forme 4 guías enroscando cuatro tiras cilíndricas en el alfiler, así como 4 flores pequeñas con el molde de silicón que tiene estas formas. Péguelas con *piping gel* a la galleta, debajo del tallo, y déjelas secar. ⑧ ⑨

8. Diluya un poco de abrillantador dorado en un poco de ron y pinte con pincel, en la calabaza con líneas, las letras, el tallo y las hojas; en la calabaza con grecas, pinte las flores pequeñas y una de las grecas. Deje secar. ⑩

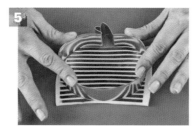

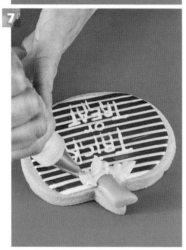

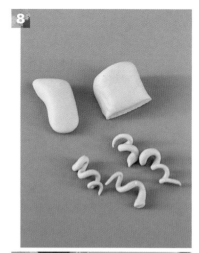

## CALABAZA PINTADA A MANO

1. Amase un poco de fondant blanco y extiéndalo hasta que tenga un grosor de 1 milímetro. Forme en él una calabaza con uno de los cortadores para galleta, extráigala y péguela en la galleta con un poco de *piping gel*. Deje secar.

2. Diluya un poco de pintura comestible en un poco de ron. Humedezca la punta del pincel angular con la pintura y haga una línea curva en una de las orillas de la galleta de calabaza con fondant, siguiendo el contorno de ésta. Humedezca el pincel con agua y pinte otra línea, junto a la que trazó previamente, para darle un efecto difuminado. Tome un poco más de pintura y pinte otra línea a un lado de la primer línea difuminada; humedezca el pincel y difumine la segunda línea. Forme una tercera línea y repita la operación del lado contrario. Humedezca nuevamente el pincel y pinte todo el centro de la calabaza. Deje secar bien la pintura. 1️⃣ 2️⃣ 3️⃣ 4️⃣

3. Amase un poco de fondant rosa y amarillo. Forme el tallo de la calabaza moldeando a mano el fondant rosa y haga 4 guías enroscando 4 tiras cilíndricas de fondant amarillo en el alfiler.

4. Pegue en la calabaza el tallo de fondant rojo y el resto de las decoraciones con un poco de *piping gel*. Diluya un poco de abrillantador dorado en un poco de ron y pinte las guías. Deje secar.

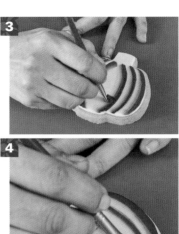

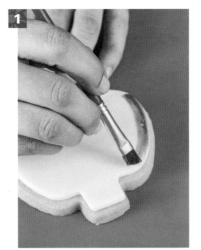

# Calzado deportivo

## INGREDIENTES

- 4 galletas con forma de tenis: 1 para correr, 1 de box, 1 de basquetbol y 1 de futbol (**ver pág. 152**)
- fondant: rojo, gris, negro, azul, amarillo fosforescente, amarillo mostaza y naranja
- *piping gel*
- abrillantador: morado, plateado y cobre
- ron

## UTENSILIOS

- rodillo para fondant
- 3 texturizadores: 1 de cuadrícula pequeña, 1 de puntos y 1 de rombos
- pinceles
- miniespátula
- herramientas para fondant de punta fina y 1 con carretilla

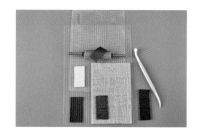

### TENIS PARA CORRER

1. Forme las plantillas del tenis para correr con ayuda del patrón de la página **152**.

2. Amase un poco de fondant rojo, gris y negro y extiéndalos por separado hasta que tengan 1 milímetro de grosor. Dele forma rectangular a cada fondant cortando los bordes irregulares.

3. Extraiga una porción del rectángulo de fondant rojo y otra del fondant negro, y márquelos, por separado, con el texturizador de cuadrícula pequeña. Dele forma a cada uno de los componentes del tenis, como se muestra en la foto, con ayuda de las plantillas. Además, forme dos esferas pequeñas de fondant negro y aplánelas en forma de disco, los cuales serán los tacos del tenis; una tira delgada cilíndrica de fondant rojo que irá encima de la tira con los ojales, y cuatro esferas muy pequeñas, también de fondant rojo, que serán los ojales. ☐

4. Pegue en la galleta los distintos componentes del tenis con un poco de *piping gel* como sigue: doble por la mitad el rectángulo rojo con una de las orillas redondeadas para formar la lengüeta del tenis, y péguela, recortando el exceso de fondant si estuviera muy larga; debajo, la tira de fondant rojo con textura (en esta parte formará los ojales para las agujetas); pegue debajo de esta última la parte frontal roja del tenis y coloque en la parte trasera del tenis el fondant negro con textura;

pegue la suela trasera gris y, por último, la suela delantera negra. Afine la forma redondeada de las suelas con la miniespátula. ☐ ☐ ☐ ☐ ☐

5. Realice los últimos detalles de decoración como sigue: marque algunas líneas verticales sobre la suela negra con la miniespátula; marque las costuras del tenis con la herramienta para fondant con carretilla y pegue los discos de fondant negro debajo de los resortes de la suela gris. ☐ ☐ ☐

6. Ponga un poco de *piping gel* en la orilla superior de la parte trasera del tenis y sobre la tira roja con textura debajo de la lengüeta. Pegue encima la tira cilíndrica roja y corte las puntas que sobresalgan del tenis. Forme los ojales sobre la tira roja con textura como sigue: pegue en ella las cuatro esferas rojas y déjelas secar. ☐ ☐ ☐ ☐

7. Forme las agujetas como sigue: doble la punta de una de las tiras delgadas de fondant rojo, insértela en el ojal superior presionándola con ayuda de la herramienta para fondant de punta fina, crúcela en diagonal hacia arriba sobre la lengüeta, péguela y recorte el exceso. Repita este paso con la siguiente agujeta, pero cruzándola del lado opuesto a la agujeta anterior. Haga lo mismo con las dos agujetas restantes. ☐ ☐ ☐

8. Termine de decorar la galleta haciendo algunos orificios en la parte delantera del tenis. ☐

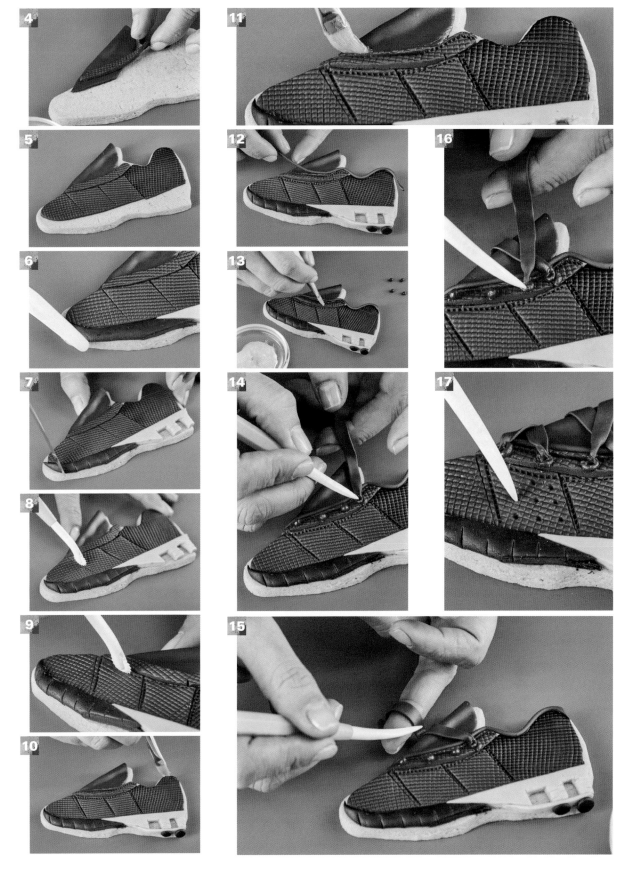

## TENIS DE BASQUETBOL

1. Forme las plantillas del tenis de basquetbol con ayuda del patrón de la página **152**.

2. Amase un poco de fondant azul, negro y gris y extiéndalos hasta que tengan 1 milímetro de grosor. Dele forma rectangular a cada fondant cortando los bordes irregulares.

3. Corte una porción del rectángulo de fondant azul y otra de fondant negro. Marque el trozo de fondant negro con el texturizador de cuadrícula irregular y dele textura al trozo de fondant azul marcando algunas líneas curvas con la herramienta para fondant de punta fina. Dele forma a cada uno de los componentes del tenis, como se muestra en la foto, con ayuda de las plantillas. [1]

4. Pegue en la galleta los distintos componentes del tenis con un poco de *piping gel* como sigue: forme la lengüeta del tenis con el fondant negro y péguela; pegue debajo de la lengüeta la tira de fondant negro donde formará los ojales para las agujetas; continúe debajo con el cuerpo del tenis de fondant azul y, debajo de éste, pegue la suela de fondant gris. Afine la forma redondeada de la suela con la miniespátula. Finalmente, pegue las tiras de fondant azul sobre la lengüeta y la parte superior trasera del tenis. [2] [3]

5. Realice los últimos detalles de decoración como sigue: marque las costuras del tenis con la herramienta para fondant con carretilla y forme los ojales para las agujetas sobre la tira negra. Pegue las agujetas negras entrecruzándolas sobre la lengüeta. [4] [5] [6] [7]

6. Diluya en un poco de ron, por separado, el abrillantador morado y el gris. Remarque las líneas de la textura azul y píntela con el abrillantador morado. Remarque las líneas de la suela gris y pinte la parte central con el abrillantador plateado. [8] [9] [10] [11] [12]

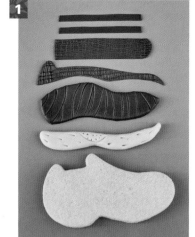

## TENIS DE BOX

1. Forme las plantillas del tenis de box con ayuda del patrón de la página **152**.

2. Amase, por separado, un poco de fondant amarillo fosforescente, de negro y de amarillo mostaza; extiéndalos hasta que tengan 1 milímetro de grosor.

3. Extraiga una porción del fondant amarillo fosforescente y márquelo con el texturizador de puntos. Dele forma a cada uno de los componentes del tenis, con ayuda de las plantillas, como sigue: con el fondant mostaza forme la suela; con el negro los ojales, las tiras delgadas que los unen al zapato, así como la tira que rodeará el borde del tenis; con el amarillo fosforescente texturizado, la parte central del tenis, y con el no texturizado la lengüeta, las agujetas y dos tiras: una que se colocará encima de la suela y otra que cruzará el empeine del tenis.

4. Pegue en la galleta los distintos componentes del tenis con un poco de *piping gel* como sigue: primero la lengüeta, cuerpo del tenis amarillo fosforescente con textura; suela amarillo mostaza; tiras amarillas fosforescentes, una encima de la suela y otra que cruza el empeine; ojales negros; tiras negras que se unen al cuerpo de la bota y, por último, la tira negra alrededor del borde superior de la bota.

5. Termine de decorar la bota formando la costura en el borde superior de la tira amarillo fosforescente encima de la suela, con una herramienta para fondant con carretilla.

## TENIS DE FUTBOL

1. Forme las plantillas del tenis de futbol con ayuda del patrón de la página **152**.

2. Amase un poco de fondant negro y naranja, por separado, y extiéndalos hasta que tengan 1 milímetro de grosor. Extraiga una porción del rectángulo de fondant negro y márquelo con el texturizador de rombos.

3. Dele forma a cada uno de los componentes del tenis, con ayuda de las plantillas, como sigue: con el fondant naranja forme la suela; con el negro texturizado, la parte central del tenis, y con el no texturizado la lengüeta, las agujetas, la tira para los ojales de las agujetas, la tira lateral superior trasera del tenis y los tacos.

4. Forme y pegue en la galleta los distintos componentes del tenis con un poco de *piping gel* como sigue: lengüeta; tira donde formará los ojales para las agujetas; tira lateral superior trasera; cuerpo del tenis texturizado; suela, y tacos. Afine la forma redondeada de la suela con la miniespátula.

5. Realice los últimos detalles de decoración como sigue: marque las costuras en el borde superior del cuerpo del tenis texturizado con la herramienta para fondant con carretilla; forme los ojales para las agujetas sobre la tira negra no texturizada y, finalmente, pegue las agujetas negras cruzándolas paralelamente sobre la lengüeta.

6. Diluya el abrillantador cobre en un poco de ron y pinte la suela.

# Cumpleaños

## INGREDIENTES

- galletas: 2 con forma de marco; 2 con forma de pastel de 3 niveles; 1 con forma de cámara fotográfica rectangular, 1 con forma de aro del mismo tamaño que la lente de la cámara fotográfica y 1 con forma de número
- *royal icing*: suave color negro; firme color negro; suave color blanco; firme color blanco; suave color rosa; firme color rosa; suave color amarillo, y firme color amarillo (**ver págs. 20 y 41**)

- fondant: rosa y negro
- abrillantador: dorado y plateado
- ron
- isomalt
- aceite vegetal
- confitería

## UTENSILIOS

- mangas pasteleras: 12 con duya del núm. 4, y 12 con duya del núm. 10
- 7 conos de celofán
- punzón
- rodillo para fondant
- regletas de abecedario con letras mayúsculas y minúsculas
- hoja de polipapel
- miniespátula
- tapete de silicón
- pinceles, incluido 1 de punta fina
- brocha
- decoraciones de listón: moño, flores y banderines (opcional)

## MARCO HAPPY BIRTHDAY

1. Llene una de las mangas con duya del número 4 con *royal icing* firme color negro y otra con duya del número 10 con *royal icing* suave color negro. Llene un cono de celofán con *royal icing* firme color blanco.

2. Marque todo el contorno de una de las galletas con forma de marco con el *royal icing* firme color negro y déjela secar hasta que esté seca al tacto. Cubra la superficie de la galleta con el *royal icing* suave color negro. Distribúyalo bien con el punzón y elimine las burbujas de aire. Déjela secar nuevamente hasta que el *royal icing* esté firme. [1] [2]

3. Corte la punta del cono de celofán que tiene el *royal icing* firme color blanco y forme sobre la galleta líneas paralelas. Pase el punzón perpendicularmente sobre las líneas blancas, de arriba abajo, para crear un diseño. Deje secar bien. [3] [4]

4. Amase un poco de fondant rosa y extiéndalo hasta que tenga un grosor de 1 milímetro. Con las regletas de abecedario, marque, corte y extraiga una por una las letras necesarias para formar las palabras *Happy* o Feliz, y *Birthday* o Cumpleaños. [5] [6] [7]

5. Pegue las letras, una por una, sobre la galleta con un poco de *piping gel*. [8]

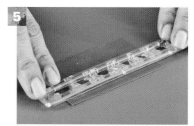

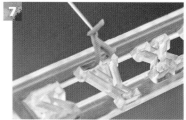

## MARCO PERSONALIZADO

1. Llene una de las mangas con duya del número 4 con *royal icing* firme color negro o rosa y otra con duya del número 10 con *royal icing* suave color negro o rosa. Llene un cono de celofán con *royal icing* firme blanco, y para el marco rosa, llene otro con *royal icing* firme negro.

2. Marque todo el contorno de una de las galletas con forma de marco con el *royal icing* firme negro o rosa y déjela secar.

Cubra la superficie de la galleta con el *royal icing* suave color negro o rosa. Distribúyalo bien con el punzón y elimine las burbujas de aire. Déjela secar nuevamente hasta que el *royal icing* esté firme.

3. Corte la punta del cono de celofán con el *royal icing* blanco y escriba sobre la galleta el nombre que desee. Deje secar.

4. Decore el marco negro como sigue: diluya abrillantador dorado en ron y pinte el nombre con el pincel de punta fina; des-

pués, tome un poco de abrillantador con la brocha y salpique una de las orillas de la galleta. Deje secar la galleta.

5. Decore el marco rosa como sigue: corte la punta del cono de celofán que tiene el *royal icing* firme color negro y decore la galleta con varios triángulos compuestos por tres puntos cada uno. Deje secar.

## PASTEL JANETH

1. Llene con *royal icing* firme tres mangas con duya del número 4, cada una con uno de los siguientes colores: rosa, amarillo y blanco; haga lo mismo con los *royal icing* suaves del mismo color, pero con mangas con duya del número 10. Llene un cono de celofán con *royal icing* firme color negro y otro con *royal icing* firme color rosa.

2. Marque todo el contorno del primer nivel de la galleta con forma de pastel con el *royal icing* firme color rosa; el segundo, con el *royal icing* firme color amarillo, y el tercero, con *royal icing* firme color blanco. Deje secar el *royal icing* hasta que esté firme al tacto. [1]

3. Cubra el pedestal de la galleta con *royal icing* firme color amarillo. Distribúyalo bien con el punzón y elimine las burbujas de aire. [2]

4. Rellene cada uno de los niveles de la galleta con *royal icing* suave del color que le corresponda. Distribúyalos bien con el punzón y déjelos secar hasta que estén firmes al tacto. [3]

5. Diluya en un poco de ron un un poco de abrillantador dorado y pinte con él el pedestal de la galleta y el nivel amarillo. Deje secar.

6. Amase un poco de fondant negro y extiéndalo hasta que tenga un grosor de 1 milímetro. Córtelo en tiras delgadas y ligeramente más largas que la altura del nivel rosa de la galleta.

7. Pegue una de las tiras de fondant negro en un extremo del nivel rosa con un poco de *piping gel*, y corte las puntas que sobrepasen el contorno del nivel. Pegue el resto de las tiras, colocándolas ligeramente separadas unas de otras a lo largo de todo el nivel rosa. Deje secar. [4]

8. Escriba o imprima en una hoja de papel el nombre con el que desee decorar la galleta. Colóquela en una superficie plana, póngale encima una hoja de polipapel y remarque el nombre con el *royal icing* firme color negro. Déjelo secar bien, despéguelo con cuidado con la miniespátula y péguelo con un poco de *piping gel* sobre el nivel dorado. [5] [6]

9. Decore el nivel blanco de la galleta formándole un escurrido o *drip* con el cono de celofán con *royal icing* firme color rosa. Deje secar la galleta. [7]

10. Alternativamente, puede modificar los colores del *royal icing* en cada nivel de la galleta, así como del abrillantador y decorarla a su gusto.

## PASTEL ROSA

1. Llene una de las mangas con duya del número 4 con *royal icing* firme color amarillo y otra con *royal icing* firme rosa. Llene una de las mangas con duya del número 10 con *royal icing* suave color amarillo y otra con *royal icing* suave rosa. Llene un cono de celofán con *royal icing* firme color amarillo.

2. Haga con el *royal icing* firme amarillo una línea horizontal a ½ centímetro de distancia la base de la galleta con forma de pastel. Marque el contorno del pedestal, así como la base del pastel formando algunas ondas. Marque el resto del contorno del pastel *con royal icing* firme color rosa y déjelo secar hasta que esté firme al tacto.

3. Cubra la base y pedestal de la galleta con *royal icing* suave color amarillo. Rellene el resto de la galleta con *royal icing* suave color rosa. Distribúyalos bien con el punzón y elimine las burbujas de aire. Deje que los *royal icing* se sequen hasta que estén firmes al tacto.

4. Diluya abrillantador dorado en ron y pinte con él el pedestal y la base del pastel.

5. Amase un poco de fondant negro y extiéndalo hasta que tenga un grosor de 1 milímetro. Corte y extraiga algunos círculos de entre 3 y 5 milímetros de diámetro con la parte trasera de una duya.

6. Pegue los círculos de fondant negro en la parte rosa del pastel con un poco de *piping gel*. Deje secar.

7. Escriba con el *royal icing* firme color amarillo el nombre con el que desee decorar la galleta. Déjelo secar bien y péguelo con un poco de *piping gel* sobre la galleta (**ver paso 8 de Pastel Janeth**).

## CÁMARA FOTOGRÁFICA

1. Llene con *royal icing* firme cuatro mangas con duya del número 4, cada una de los siguientes colores: rosa, amarillo, blanco y negro; haga lo mismo con los *royal icing* suave de los mismos colores, pero con mangas con duya del número 10. Llene un cono de celofán con *royal icing* firme color negro.

2. Divida imaginariamente en tres segmentos el rectángulo que conforma la galleta en forma de cámara fotográfica: los segmentos exteriores, cada uno será una cuarta parte de la superficie de la galleta, mientras que el segmento central será la mitad. Marque el contorno de los dos segmentos exteriores con el *royal icing* firme color rosa y el de la parte central con el *royal icing* firme color amarillo. Con el *royal icing* firme color blanco marque el contorno superior de la galleta; con el negro, delinee el *flash* y forme un rectángulo pequeño en la parte superior de cada uno de los segmentos rosas. Deje secar los *royal icing* hasta que estén firmes.

3. Rellene cada segmento de la galleta con los *royal icing* suaves del color que les corresponda. Distribúyalos bien con el punzón y elimine las burbujas de aire. Deje secar los *royal icing*.

4. Diluya abrillantador dorado en ron, pinte el segmento central y déjelo secar.

5. Engrase con aceite vegetal el tapete de silicón y coloque en él la galleta con forma de aro. Caliente el isomalt en el microondas, en tandas de 10 segundos, hasta que tenga una consistencia fluida. Vierta el isomalt dentro del aro de la galleta hasta formar una capa delgada. Déjela secar entre 10 y 15 minutos y despegue la galleta del tapete. [1]

6. Amase un poco de fondant negro y extiéndalo hasta que tenga un grosor de 1 milímetro. Haga en él un aro con el cortador, extráigalo y péguelo con *piping gel* sobre la galleta de aro, del lado cubierto con la capa de isomalt. Deje secar.

7. Coloque sobre la superficie de trabajo la galleta con forma de aro, con la parte con fondant hacia abajo y rellene con la confitería el hueco central. Ponga un poco de *piping gel* en el borde la galleta y colóquele encima la galleta en forma de cámara, de manera que el centro de la cámara quede bien alineado con la circunferencia del aro. Deje secar la galleta. [2] [3]

## NÚMERO

1. Llene una de las mangas con duya del número 4 con *royal icing* firme color blanco o color rosa. Llene una de las mangas con duya del número 10 con *royal icing* suave blanco o rosa. Llene un cono de celofán con *royal icing* firme color amarillo.

2. Marque todo el contorno de la galleta con forma de número con el *royal icing* firme color blanco o con el rosa y déjela reposar hasta que esté seca al tacto. Cubra la superficie de la galleta con el *royal icing* suave color blanco o rosa. Distribúyalo bien con el punzón y elimine las burbujas de aire. Déjela secar nuevamente hasta que el *royal icing* esté firme al tacto

3. Diluya abrillantador dorando en un poco de ron. Decore la galleta blanca pintando con él la base del número. Decore la galleta rosa como sigue: escriba con el *royal icing* firme color amarillo el nombre con el que desee decorar la galleta. Déjelo secar y péguelo con *piping gel* sobre la galleta (**ver paso 8 de Pastel Janeth**). Pinte con el abrillantador dorado el nombre y la parte superior de la galleta.

4. Pegue sobre la galleta alguna decoración de listón.

# Marinero

## INGREDIENTES

- *royal icing*: firme color azul marino; suave color azul marino; firme color blanco; suave color blanco, y firme color rojo (**ver págs. 20 y 41**)
- galletas: 1 con forma de "M"; 1 circular; 1 con forma de barco de vela; 1 con forma de pañalero de bebé, y 1 con forma de aro
- fondant: gris, rojo, blanco y azul marino
- hoja de fécula de papa color azul marino
- *piping gel*
- manteca vegetal
- abrillantador plateado
- ron

## UTENSILIOS

- 4 mangas pasteleras con duya núm. 4
- 4 mangas pasteleras con duya del núm. 10
- 4 conos de celofán
- plantilla en forma de "a" de entre 2 y 3 cm
- cortadores para galletas o plantillas: 1 en forma de "a", 1 de "t" y 1 en forma de "e"; los cortadores o las plantillas con que elaboró las galletas en forma de barco de vela, pañalero de bebé y aro
- punzón
- rodillo para fondant
- hoja de polipapel
- miniespátula
- troquel con forma de ancla
- tijeras
- exacto o cúter
- pinceles

## LETRA M

1. Llene una de las mangas con duya del número 4 con un poco del *royal icing* firme color azul marino, y otra con duya del número 10 con el *royal icing* suave color azul marino. Llene uno de los conos de celofán con el *royal icing* firme color blanco.

2. Marque todo el contorno de la galleta con forma de "M" con el *royal icing* firme color azul marino. Déjelo secar durante algunos minutos o hasta que esté seco al tacto. ☐1

3. Rellene toda la letra con el *royal icing* suave color azul marino. Distribúyalo bien con el punzón y elimine las burbujas de aire. ☐2 ☐3

4. Corte la punta del cono de celofán y dibuje algunos puntos sobre el *royal icing* azul. Quite las burbujas de aire con el punzón y deje secar la letra "M". ☐4

## LETRA a

1. Llene uno de los conos con *royal icing* firme color azul marino, otro con *royal icing* suave color azul marino y otro con *royal icing* firme color rojo. Llene una manga con duya del número 4 con *royal icing* color blanco, una firme y otra con duya del número 10 con *royal icing* blanco suave.

2. Trace una letra "a" en una hoja de papel blanco con ayuda de la plantilla que tiene esta forma. Cubra la hoja con polipapel.

3. Corte la punta de los conos que tienen *royal icing* azul marino. Trace con el *royal icing* firme color azul marino, sobre el polipapel, el contorno de la letra "a". Déjelo secar durante algunos minutos o hasta que esté seco al tacto. Después, rellene la letra con el *royal icing* suave color azul marino. Déjela secar bien. 1 2

4. Marque todo el contorno de la galleta circular con *royal icing* firme color blanco. Déjelo secar durante algunos minutos o hasta que esté seco al tacto. Después, rellene el círculo con el *royal icing* suave color blanco. Deje secar nuevamente.

5. Corte la punta del cono que tiene el *royal icing* firme color rojo y trace líneas horizontales y paralelas en todo el círculo. Déjelas secar.

6. Despegue la letra "a" del polipapel con ayuda de la miniespátula. Barnícela por la parte trasera con *piping gel* y péguela en el centro del círculo. 3 4 5

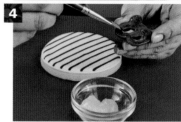

## LETRA t

1. Amase un poco de los cuatro fondants: gris, rojo, azul marino y blanco.

2. Extienda los fondants hasta que tengan un grosor de 1 milímetro. Dé forma rectangular a cada lámina de fondant, y cerciórese de que el fondant blanco y azul marino tengan el mismo tamaño.

3. Forme una letra "t" en el rectángulo de fondant color rojo con el cortador o la plantilla y extráigala. Resérvela. 1

4. Corte con el exacto o el cúter el rectángulo de fondant azul marino en tiras delgadas. Unte las tiras con un poco de manteca vegetal y péguelas, una por una, sobre el rectángulo de fondant blanco, dejando un espacio del mismo grosor entre cada tira. Extienda el fondant con el rodillo. 2 3

5. Corte el fondant con patrón de rayas azules y blancas con la parte de la vela del cortador para galletas con forma de barco de vela. 4

6. Corte el fondant gris con la parte inferior del cortador con forma de barco de vela. 5

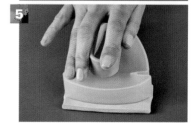

7. Barnice la galleta con forma de barco de vela con un poco de *piping gel* y pegue en la parte superior la vela de fondant blanco con patrón de rayas azules y blancas, y en la inferior, la base del barco de fondant gris. Diluya el abrillantador plateado con un poco de ron y pinte con él la base del barco. Deje secar bien.

8. Barnice la parte trasera de la letra "t" de fondant rojo con *piping gel* y péguela en el centro de la vela del barco.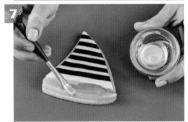

## LETRA e

1. Amase un poco de tres de los fondants: rojo, gris y azul marino; amase un poco más de fondant blanco que el resto de los anteriores.

2. Extienda los fondants como sigue: la mitad del fondant blanco de un grosor de 3 milímetros, y el rojo, el gris, el azul y el blanco restante, de 1 milímetro. Dé forma rectangular a cada lámina de fondant.

3. Forme un pañalero de bebé en el rectángulo de fondant blanco de 1 milímetro con el cortador para galleta que tiene esta forma y extráigalo. Péguelo con *piping gel* en la galleta con forma de pañalero de bebé.

4. Forme una letra "e" en el rectángulo de fondant gris con el cortador que tiene esta forma y extráigala. Diluya el abrillantador en un poco de ron. Coloque la letra "e" sobre una hoja blanca y píntela con el abrillantador. Déjela secar.

5. Corte del fondant sobrante que extendió, utilizando el tamaño de la galleta de pañalero como guía, 2 tiras cortas de fondant rojo para el moño del pañalero; 3 tiras delgadas de fondant azul para las mangas, 2 tiras cortas de fondant blanco y 4 tiras muy delgadas de fondant azul para el cuello.

6. Forme el moño como sigue: doble una de las puntas de 1 tira roja de fondant sobre sí misma, presiónela ligeramente y corte la punta contraria en diagonal; haga lo mismo con la otra tira roja. Junte ambas tiras del lado de las puntas dobladas y presiónelas para formar el moño. Péguelo con *piping gel* a la galleta.

7. Forme las mangas como sigue: pegue con *piping gel* 1 tira delgada de fondant azul marino en la orilla de una de las mangas de la galleta y corte el exceso con la miniéspatula. Haga lo mismo del lado contrario.

8. Forme el cuello como sigue: pegue con *piping gel* 1 tira blanca en ambos lados del moño del pañalero cubriendo el área de los hombros; después, pegue las 4 tiras muy delgadas de fondant azul marino al lado del moño, 2 a cada lado. Corte el exceso con la miniespátula.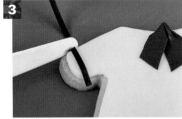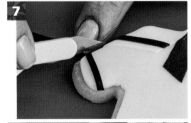

9. Finalmente, pegue con *piping gel* la letra "e" en el centro del pañalero.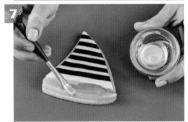

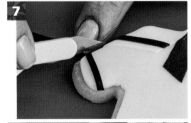

## LETRA O

1. Amase un poco de fondant blanco y rojo y extiéndalos hasta que tengan un grosor de 1 milímetro. Dé forma rectangular a cada lámina.

2. Forme un aro en el rectángulo de fondant blanco con el cortador que tiene esta forma y extráigalo. Péguelo con *piping gel* sobre la galleta en forma de aro y deje secar.

3. Forme un aro en el rectángulo de fondant rojo con el cortador que tiene esta forma y extráigalo. Corte cuatro segmentos de cada aro y péguelos con *piping gel*, equidistantemente, sobre el fondant blanco.

4. Forme la cuerda como sigue: amase un poco de fondant gris, divídalo en dos porciones y, con las manos, ruédelas de arriba abajo sobre la mesa de trabajo para obtener 2 tiras cilíndricas. Úntelas con un poco de manteca, júntelas por una de sus puntas y tuérzalas para entrelazarlas. Estire un poco la cuerda rodándola sobre la mesa. Diluya un poco de abrillantador plateado en ron y pinte la cuerda. Déjela secar. ① ②

5. Forme un ancla en la hoja de fécula de papa con el troquel que tiene esta forma y extráigala. Pase la cuerda a través del orificio del ancla y únala por las puntas, presionándola con los dedos para cerrarla. Pegue la cuerda a la galleta del lado de la unión. Deje secar la galleta. ③ ④ ⑤

# Pinos navideños

## INGREDIENTES

- galletas con distintas formas de pino navideño
- fondant: verde olivo, gris, blanco, rojo y café
- *royal icing*: suave color blanco; medio color blanco, y firme color blanco **(ver págs. 20 y 41)**
- pintura comestible: blanca y verde
- diamantinas: plateada y *rainbow*
- pétalos de flores deshidratadas troceados finamente
- moños de fondant: 1 color blanco y 1 color rojo cereza **(ver pág. 58)**

- *piping gel*
- ron
- abrillantador dorado
- manteca vegetal

## UTENSILIOS

- manga pastelera con duya núm. 6
- los cortadores o las plantillas con los que elaboró las galletas en forma de pino
- rodillo para fondant
- brocha pequeña
- exacto o cúter
- sello estampador
- cojín para tinta con pintura negra comestible
- 3 esténciles: 1 con diseño de reno, 1 con diseño de árbol de Navidad y 1 con patrones navideños
- miniespátula
- cono de celofán
- molde de silicón con textura de tronco
- pinceles
- pinzas
- tijeras

## GOTAS DE NIEVE

1. Amase el fondant color verde olivo y extiéndalo con el rodillo para fondant hasta que tenga un grosor de 1 milímetro. Forme en él 1 pino con uno de los cortadores para galleta o con la plantilla y extráigalo. Retírele la parte del tronco, péguelo con *piping gel* sobre la galleta que le corresponda y déjelo secar. ☐1 ☐2

2. Llene la manga con duya con un poco de *royal icing* medio color blanco. Cubra el fondant verde del pino con gotas de *royal icing* blanco como sigue: ponga un punto de *royal icing* en la base del árbol y jale la manga hacia arriba para extender ligeramente la gota. Forme más gotas a los lados hasta cubrir la línea de la base. Humedezca con un poco de agua la punta de un pincel y estire la punta de las gotas. Forme una segunda línea de gotas encima de las gotas anteriores y estírelas con el pincel con agua. Repita los pasos anteriores hasta cubrir todo el pino. Espolvoree el *royal icing* con un poco de diamantina plateada y déjelo secar. ☐3 ☐4 ☐5

3. Diluya un poco de abrillantador dorado con un poco de ron y pinte el tronco del árbol. Deje secar la galleta. ☐6

## MERRY CHRISTMAS

1. Amase el fondant gris y extiéndalo con el rodillo para fondant hasta que tenga 1 milímetro de grosor. Forme en él 1 pino con uno de los cortadores para galleta o con la plantilla y extráigalo. Péguelo con *piping gel* sobre la galleta que le corresponda y déjelo secar.

2. Pinte el fondant gris del pino con un poco de pintura blanca, dándole brochazos horizontales. Déjelo secar. ☐1 ☐2

3. Forme letreros rectangulares con la frase *Merry Christmas* o Feliz Navidad como sigue: amase el fondant blanco y extiéndalo con el rodillo hasta que tenga 1 milímetro de grosor. Corte con el exacto o el cúter el borde dándole forma de rectángulo. Forme la palabra *Merry* o Feliz en el sello estampador, páselo por el cojín con la pintura negra e imprímala en el rectángulo de fondant. Corte el letrero. Repita el paso anterior con la palabra *Christmas* o Navidad. Deje secar los letreros. ☐3 ☐4

4. Barnice el fondant que cubre las galletas con un poco de *piping gel* y decórelas con los pétalos de flores deshidratados, con ayuda de las pinzas. ☐5

5. Forme dos esferas y una tira pequeña con fondant blanco. Pegue las esferas en el pino con un poco de *piping gel* y presione encima el letrero *Merry* o Feliz. Pegue debajo de éste la tira de fondant y presione en ella el letrero *Christmas* o Navidad. Termine de decorar el pino con un poco más de pétalos. Deje secar la galleta. ☐6 ☐7 ☐8

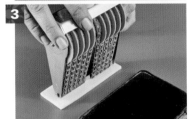

## RENO

1. Amase un poco de fondant rojo y extiéndalo con el rodillo para fondant hasta que tenga 1 milímetro de grosor. Forme en él 1 pino con uno de los cortadores para galleta o plantilla y extráigalo. Péguelo con *piping gel* sobre la galleta que le corresponda y déjelo secar.

Diluya abrillantador dorado en un poco de *piping gel*. Coloque el esténcil con diseño de reno sobre la galleta con fondant y extienda el abrillantador sobre el diseño, con ayuda de la miniespátula. Retire con cuidado el esténcil y salpique la galleta con un poco más de abrillantador diluido en ron. Deje secar. ☐1 ☐2 ☐3

2. Amase un poco de fondant blanco, extiéndalo con el rodillo hasta que tenga 1 milímetro de grosor y extraiga de él dos tiras cortas. Una las tiras por una de sus puntas y corte el extremo contrario en diagonal. Péguelas en la cima del pino con un poco de *piping gel* y encima pegue el moño de fondant blanco. Deje secar la galleta. [4] [5]

## NEVADO

1. Amase un poco de fondant blanco y extiéndalo con el rodillo para fondant hasta que tenga 1 milímetro de grosor. Forme en él 1 pino con uno de los cortadores para galleta y extráigalo. Péguelo con *piping gel* sobre la galleta que le corresponda y déjelo secar.

2. Coloque el esténcil con diseño de árbol de Navidad sobre la galleta con fondant y extienda en él la pintura verde. Retire con cuidado el esténcil y deje secar.

3. Llene el cono de celofán con *royal icing* firme color blanco y córtele la punta. Decore el árbol con el *royal icing* para simular nieve y déjelo secar. [1]

4. Amase un poco de fondant café y presiónelo contra el molde de silicón con textura de tronco para imprimirle ésta. Píntelo con un poco de pintura blanca y déjelo secar. [2] [3]

5. Pegue el moño de fondant color rojo cereza en la cima del pino con un poco de *piping gel*. [4]

6. Forme un tronco en el fondant café con textura de tronco, con ayuda de la base del cortador para galletas con la forma de pino que corresponda. Pegue el fondant al tronco del pino con un poco de *piping gel*. Deje secar la galleta. [5]

## PATRONES NAVIDEÑOS

1. Amase un poco de fondant rojo y extiéndalo con el rodillo para fondant hasta que tenga 1 milímetro de grosor. Forme en él 1 pino con uno de los cortadores para galleta y extráigalo. Péguelo con *piping gel* sobre la galleta que le corresponda y déjelo secar.

2. Coloque el esténcil con patrones navideños sobre la galleta con fondant. Barnícela con un poco de manteca y extienda sobre el esténcil el *royal icing* medio color blanco con ayuda de la miniespátula, hasta cubrirlo bien. Espolvoree la diamantina *rainbow*. Retire con cuidado el esténcil y deje secar la galleta.

# Galletas

# Ropa para papá

## INGREDIENTES

- 5 galletas con forma de camisa
- fondant: blanco, rojo, azul marino, mostaza, café y anaranjado
- *piping gel*
- hoja de malvavisco con diseño de cuadros
- 4 cuellos de fondant: 1 rojo, 2 blancos y 1 anaranjado (**ver pág. 59**)

## UTENSILIOS

- rodillo para fondant
- el cortador o la plantilla con forma de camisa con el que elaboró las galletas
- tijeras
- pinceles
- exacto o cúter
- 2 herramientas para fondant: 1 de punta fina y 1 para hacer despuntes
- sello de pluma
- 2 texturizadores: 1 de rombos y 1 de piel
- molde de silicón con textura de tejido

## CAMISA CON DISEÑO DE CUADROS

1. Amase un poco de fondant blanco y extiéndalo hasta que tenga un grosor de 1 milímetro. Forme en él una camisa con el cortador o la plantilla y extráigala. ☐

2. Marque el contorno del cortador o la plantilla con forma de camisa sobre la hoja de malvavisco y córtela con tijeras siguiendo la marca que realizó. Corte y extraiga un triángulo en el centro del borde con cuello. ☐

3. Unte la parte trasera del rectángulo de hoja de malvavisco con un poco de *piping gel* y péguela sobre el rectángulo de fondant blanco, cuidando que ambas piezas queden bien alineadas. Después, pegue esta pieza con un poco de *piping gel* sobre la galleta. Deje secar. ☐ ☐

4. Amase un poco de fondant rojo y extiéndalo hasta que tenga un grosor de 1 milímetro. Extraiga de él ,con el exacto o el cúter, una tira de 2 milímetros de ancho × 6 centímetros de largo aproximadamente, que será donde coloque los botones de la camisa. Para el bolsillo, extraiga un cuadro pequeño de 3 milímetros por lado aproximadamente; también, extraiga una tira muy delgada de 3 milímetros de largo.

5. Amase un poco de fondant blanco y forme con él 5 esferas muy pequeñas, que serán los botones de la camisa.

6. Haga una línea vertical con *piping gel* desde el cuello de la camisa hasta la base. Pegue encima la tira de fondant rojo

y corte con la miniespátula el excedente en la base de la camisa. ☐

7. Unte el contorno del cuello blanco de la camisa con *piping gel* y pegue el cuello de fondant rojo. Pegue en el costado superior izquierdo de la camisa, también con *piping gel*, el cuadro pequeño de fondant rojo, y en su parte superior, la tira pequeña de fondant del mismo color. ☐ ☐

8. Unte la tira roja larga con *piping gel*. Sostenga las esferas de fondant blanco, una

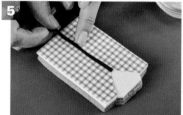

por una, con ayuda de un pincel delgado con un poco de *piping gel*, y péguelas a lo largo de la tira roja. Haga un orificio en el centro de cada una con la herramienta para fondant de punta fina. Deje secar la galleta. 8 9

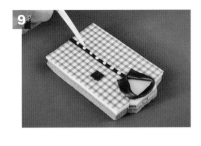

## CAMISA DE MEZCLILLA

1. Amase un poco de fondant azul marino y extiéndalo hasta que tenga un grosor de 1 milímetro. Dele forma rectangular cortando los bordes irregulares con el exacto o el cúter.
2. Pase la varilla estriada encima del rectángulo de fondant, primero de arriba abajo y, posteriormente, de un lado a otro; esto le dará apariencia de mezclilla. Forme en él una camisa con el cortador para galleta o la plantilla, pero sin llegar a cortar la base; corte el rectángulo por su parte inferior 1 centímetro más largo que la galleta. 1
3. Amase un poco de fondant blanco y extiéndalo hasta que tenga un grosor entre 1 y 2 milímetros. Córtelo con la parte superior del cortador para galletas, o marque el tercio superior de la plantilla y córtelo, para formar el tercio superior de una camisa y péguelo a la galleta con un poco de *piping gel*. 2 3

4. Corte y extraiga un triángulo en el centro de la parte superior de la camisa de fondant. Sobrepóngala ligeramente sobre la galleta, alineada con ésta, y calcule el exceso de fondant blanco, de manera que, al pegar en la galleta la camisa, el triángulo blanco rellene el hueco de ésta. Corte y retire de la galleta el exceso de fondant blanco. Unte con *piping gel* la galleta, desde la parte superior hasta la mitad, y pegue encima la camisa de mezclilla. Doble el borde inferior de la camisa hacia atrás, sobre sí misma, y péguela a la galleta con más *piping gel*. 4 5 6 7
5. Amase un poco más de fondant azul, extiéndalo hasta que tenga un grosor de 2 milímetros y márquelo con la varilla estriada, primero de arriba abajo y luego de un lado a otro. Extraiga de él un rectángulo y forme un cuello para camisa (**ver pág. 59**). Después, corte del fondant ex-

tendido un cuadro pequeño, de 3 milímetros por lado aproximadamente, para hacer el bolsillo; un rectángulo de 5 milímetros × 1 centímetro para hacer la manga; una tira muy delgada del mismo ancho de la manga para hacer el puño, y finalmente, una tira larga y delgada, de 3 milímetros × 6 centímetros, donde colocará los botones.
6. Amase un poco de fondant color mostaza y forme con él 5 esferas muy pequeñas para los botones de la camisa y 1 esfera un poco más pequeña para el botón del puño.

7. Haga una línea vertical con *piping gel* desde el cuello de la camisa hasta la base. Pegue encima la tira larga y delgada de fondant azul y doble el excedente debajo de la camisa.

8. Unte el contorno del cuello blanco de la camisa con *piping gel* y pegue el cuello de fondant azul. Pegue en el costado superior izquierdo de la camisa el cuadro pequeño de fondant azul (bolsillo), en el derecho inferior el rectángulo (manga), y en la orilla de este último, la tira larga y delgada (puño). 8

9. Unte la tira azul de la camisa con *piping gel*. Sostenga las 5 esferas de fondant blanco, una por una, con ayuda de un pincel delgado con un poco de *piping gel*, y péguelas a lo largo de la tira azul. Pegue de la misma manera la esfera más pequeña en la orilla del puño de la manga. Presione los botones con el sello de pluma para decorarlos. Deje secar la galleta. 9 10

## CHALECO CON DISEÑO DE ROMBOS

1. Amase un poco de fondant rojo y extiéndalo hasta que tenga un grosor de 1 milímetro. Dele forma rectangular cortando los bordes irregulares. Presione el fondant sobre el texturizador de rombos.

2. Extraiga dos tiras delgadas del fondant rojo con textura de rombos y corte de ambas tiras una de sus puntas en diagonal; resérvelas para formar el cuello del chaleco. Forme en el fondant rojo restante una camisa con el cortador o la plantilla, pero sin llegar a cortar la base; corte el rectángulo por su parte inferior 1 centímetro más largo que la galleta.

3. Amase un poco de fondant blanco y extiéndalo hasta que tenga un grosor entre 1 y 2 milímetros. Córtelo con la parte superior del cortador para galletas, o marque el tercio superior de la plantilla y córtelo, para formar el tercio superior de una camisa y péguelo a la galleta con un poco de *piping gel* (**ver Paso 3 de la Camisa de mezclilla**).

4. Corte y extraiga un triángulo en el centro de la parte superior del chaleco de fondant. Sobrepóngalo ligeramente sobre la galleta, alineado con ésta, y calcule el exceso de fondant blanco, de manera

que, al pegar en la galleta el chaleco, el triángulo blanco rellene el hueco de éste. Corte y retire de la galleta el exceso de fondant blanco. Unte con *piping gel* la galleta, desde la parte superior hasta la mitad, y pegue encima el chaleco. Doble el borde inferior del chaleco hacia atrás, sobre sí mismo, y péguelo a la galleta con más *piping gel* (**ver paso 4 de la Camisa de mezclilla**).

5. Unte el contorno del cuello blanco de la camisa con un poco de *piping gel* y pegue encima las tiras de fondant rojo que reservó, juntando las puntas diagonales para formar un cuello en "V". Pegue encima el cuello blanco.

6. Amase un poco de fondant blanco y extiéndalo hasta que tenga un grosor de 1 milímetro. Corte y extraiga de él dos tiras delgadas para formar dos mangas de camisa. Péguelas a los lados del chaleco y decore los puños haciéndoles una línea horizontal con la herramienta de puta fina. Deje secar la galleta.

## SUÉTER TEJIDO

1. Amase un poco de fondant naranjado y extiéndalo hasta que tenga un grosor de 1 milímetro. Presione el fondant contra el molde de silicón con textura de tejido, ayudándose con el rodillo para marcar bien la textura. Despegue el fondant del molde, forme en él una camisa con el cortador o la plantilla y extráigalo (**ver Paso 1 de la Camisa con diseño de cuadros**).

2. Amase un poco de fondant blanco y extiéndalo hasta que tenga un grosor entre 1 y 2 milímetros. Córtelo con la parte superior del cortador para galletas, o marque el tercio superior de la plantilla y córtelo, para formar el tercio superior de una camisa y péguelo a la galleta con un poco de *piping gel* (**ver Paso 3 de la Camisa de mezclilla**).

3. Corte y extraiga un triángulo en el centro de la parte superior del suéter de fondant. Sobrepóngalo ligeramente sobre la galleta, alineado con ésta, y calcule el exceso de fondant blanco, de manera que, al pegar en la galleta el chaleco, el triángulo blanco rellene el hueco de éste. Corte y retire de la galleta el exceso de

fondant blanco. Unte la galleta con *piping gel* y pegue encima el suéter de fondant.

4. Amase un poco de fondant azul marino y extiéndalo hasta que tenga un grosor de 1 milímetro. Forme y extraiga una tira delgada del fondant que sea proporcional al tamaño del cuello. Haga en una de las puntas dos cortes diagonales para darle forma triangular y, después, afine la tira para darle forma de corbata, cortando ligeramente en diagonal los lados largos. Finalmente, haga un nudo en la punta superior.

5. Unte con *piping gel* el contorno blanco del cuello del suéter *piping gel* y pegue encima el cuello de fondant blanco. Finalmente, pegue la corbata debajo del cuello. Deje secar la galleta.

## CHAMARRA DE PIEL

1. Amase un poco de fondant anaranjado y extiéndalo hasta que tenga un grosor de 1 milímetro. Forme en él una camisa con el cortador o la plantilla y extráigala. Unte la galleta con un poco de *piping gel* y pegue encima la camisa de fondant.

2. Marque con la herramienta para hacer despuntes en la camisa de fondant, a lo largo, dos líneas rectas paralelas en el centro para formar el área de los botones de la camisa. Pegue con *piping gel*, en la parte superior de la camisa, el cuello de fondant anaranjado.

3. Amase un poco de fondant café y extiéndalo hasta que tenga un grosor de 1 milímetro. Presione el fondant contra el texturizador de piel, ayudándose con el rodillo para marcar bien la textura, y despéguelo. Marque en el fondant texturizado una camisa con el cortador y extráigala. Retírele una tira larga de la parte central para obtener dos rectángulos. Forme 3 esferas pequeñas de fondant café, que serán los botones de la chamarra.

4. Pegue cada uno de los rectángulos de fondant café a los lados de la camisa anaranjada de fondant; doble sobre sí mismas las equinas superiores para hacer el cuello de la chamarra.

5. Pegue las esferas cafés en la orilla izquierda de la chamarra para formar los botones y termine decorándolos con el sello de pluma. Deje secar la galleta.

# Cupcakes decorados

Para realizar las decoraciones de esta sección utilice *cupcakes* del sabor de su elección, con o sin relleno (**ver Cupcakes, págs. 28-30 y Rellenar, pág. 43**). Procure siempre hacer las decoraciones y figuras de fondant de un tamaño proporcional al de los *cupcakes*, y colocar estos últimos dentro de los capacillos de presentación una vez que haya finalizado la decoración. Es recomendable usar un pincel delgado para pegar las decoraciones con *piping gel* o con alguno de los pegamentos de la página **24**.

**Cupcakes**

# Flores

## INGREDIENTES

- betún de manteca: dos tantos de color rojo, un tanto de color rosa pastel y otro tanto de color blanco (**ver págs. 21 y 40**)
- *cupcakes*

## UTENSILIOS

- 3 mangas pasteleras con duya: 1 con núm. 127; 1 con núm. 104 y 1 con núm. 846
- manga pastelera sin duya
- clavo para flores
- espátula

## ROSA

1. Llene con uno de los tantos de betún rojo la manga pastelera con duya número 127. Pegue con un poco de betún un *cupcake* en el clavo para flores.
2. Haga el centro o botón de la rosa como sigue: apoye la duya en el centro del *cupcake,* presione la manga y despegue la duya moviéndola verticalmente hacia arriba. Después, coloque la duya a un lado del centro de betún que formó, con la parte ancha haciendo contacto con la superficie del *cupcake* y en un ángulo de 45°, y rodee todo el centro con betún. ⬜1
3. Coloque la duya en un ángulo de 45°. Forme el primer pétalo rodeando la mitad del centro de betún; forme el segundo pétalo del mismo tamaño que el primero. Continúe formando más pétalos del mismo tamaño que los dos primeros, rodeando el centro de la rosa, hasta cubrir toda la circunferencia del *cupcake*. ⬜2 ⬜3

## DALIA

1. Llene con el betún rosa la manga pastelera con duya número 104. Pegue con un poco de betún un *cupcake* en el clavo para flores.
2. Haga el primer pétalo de la flor como sigue: coloque la manga a 45° en la parte del borde del *cupcake* más alejada de usted, con la parte ancha de la duya haciendo contacto con su superficie, y presione la manga moviéndola de arriba abajo. Forme el segundo pétalo de la misma manera, contiguo al primero. Elabore el resto de los pétalos de la misma forma siguiendo la circunferencia del *cupcake*. Después, haga lo mismo hacia el centro del *cupcake* hasta cubrirlo todo. ⬜1 ⬜2

## FLOR BICOLOR

1. Llene con el betún blanco la manga pastelera sin duya y córtele la punta. Cubra con el betún rojo restante las paredes de la manga pastelera con duya número 846, extendiéndolo con la espátula. Llene con betún blanco el centro de la manga con duya. ⬜1 ⬜2
2. Forme la flor como sigue: coloque la manga con duya en el centro del *cupcake* en un ángulo de 90° y presione la manga mientras forma una espiral, del centro hacia afuera del *cupcake*, hasta cubrir toda su superficie. ⬜3 ⬜4

**Cupcakes**

# Esferas navideñas

## INGREDIENTES

- chocolate sucedáneo: dos tantos de color blanco, un tanto de color azul, un tanto de color morado, y otro tanto de color verde (**ver pág. 41**)
- manteca vegetal
- matizador de varios colores: azul, morado, verde y plateado
- diamantina de varios colores: azul, morada, verde y plateada
- colorantes en gel de varios colores: morado, azul, verde y azul turquesa
- ron
- isomalt
- *cupcakes* cubiertos con betún del sabor de su elección
- ganchos para esfera navideña (**ver pág. 59**)
- *royal icing* firme color blanco (opcional, **ver pág. 20**)

## UTENSILIOS

- molde de media esfera del tamaño de la circunferencia del *cupcake*
- pincel
- 2 brochas gordas
- colador pequeño
- atomizador
- 4 goteros
- cono de celofán (opcional)

## PROCEDIMIENTO

1. Reserve uno de los tantos de chocolate blanco. Forme con el resto de ellos medias esferas con el molde de silicón siguiendo las instrucciones de la página **60**.

## NACARADAS

1. Unte de manteca vegetal una media esfera de cualquier color con ayuda el pincel.
2. Aplique sobre la media esfera, con ayuda de la brocha, un poco del matizador del mismo color que la esfera. Púlala con la brocha relizando movimientos circulares hasta cubrir uniformemente toda su superficie. ☐1 ☐2 ☐3

## ATERCIOPELADAS

1. Unte con un poco de manteca vegetal una media esfera verde con ayuda del pincel. Espolvoréele el matizador verde en polvo con ayuda del colador. ☐1 ☐2

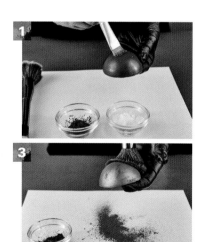

### CON DIAMANTINA

1. Rocíe con agua, con ayuda del atomizador, una media esfera de cualquier color. Viértale suficiente diamantina, del mismo color que la esfera, para cubrirla bien. Púlala con la brocha hasta obtener una superficie lisa y brillante. 1 2 3

### CON EFECTO ACUARELA

1. Diluya por separado los distintos colorantes en gel en un poco de ron.
2. Caliente un poco de isomalt en el microondas, en tandas de 10 segundos, hasta que tenga una consistencia fluida. Viértalo en el molde de media esfera; incline ligeramente el molde y gírelo hasta obtener una capa delgada.
3. Añada aleatoriamente en toda la superficie de la media esfera un poco de los colorantes con los goteros; deberá obtener varias manchas de colores. Deje endurecer el isomalt y desmolde la media esfera. 1 2 3

### CON MANCHAS DE COLORES

1. Diluya por separado los distintos colorantes en gel en un poco de ron. Derrita en el microondas el chocolate blanco que reservó.
2. Añada aleatoriamente en el molde de media esfera un poco de los colorantes con los goteros. Vierta dentro del molde un poco de chocolate blanco y siga las instrucciones de la página **60** para formar una media esfera. 1 2

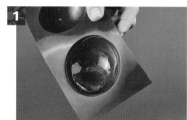

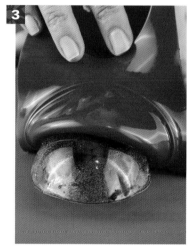

### TERMINADO

1. Coloque las medias esferas sobre los *cupcakes* y pegue sobre cada una, con *piping gel*, los ganchos para esfera navideña.
2. Si lo desea, decore algunas de las esferas escribiendo frases con un cono de celofán con *royal icing* firme color blanco, y después, píntelas con abrillantador diluido en ron.

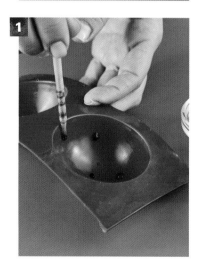

# Cupcakes

# Labios

## INGREDIENTES

- *cupcakes* con forma de labios
- chocolate semiamargo sucedáneo
- fondant: negro, blanco, rojo y amarillo
- *piping gel*
- grageas: blancas, rojas y rosas
- diamantina rosa
- manteca vegetal
- hoja de oro comestible
- abrillantador dorado
- ron

## UTENSILIOS

- rodillo para fondant
- miniespátula
- atomizador
- cuchillo
- pinceles
- herramienta para fondant lisa
- pinzas

## PROCEDIMIENTO

1. Pique el chocolate semiamargo sucedáneo y derrítalo a baño maría o en el microondas.
2. Cubra los *cupcakes* con el chocolate derretido y extiéndalo bien para obtener una superficie lisa. Déjelos reposar hasta que el chocolate se endurezca.

### CON GRAGEAS

1. Amase un poco de fondant negro y blanco y extiéndalos con el rodillo para fondant, por separado, hasta que tengan 1 y 3 milímetros de grosor respectivamente. Extraiga del fondant negro un rectángulo de 1.5 × 5 centímetros aproximadamente; del fondant blanco, extraiga una tira ligeramente curva y un poco más delgada que el rectángulo negro.
2. Rocíe el rectángulo negro con un poco de agua, con ayuda del atomizador, y péguelo en el centro del *cupcake* de forma que cubra la unión de los dos labios; después, pegue sobre el rectángulo la tira blanca con el lado curvo alineado con la curva del labio inferior. Marque con la miniespátula varias líneas paralelas sobre la tira blanca para simular los dientes. ① ②
3. Para formar el labio inferior, amase suficiente fondant blanco y forme una esfera. Presione una orilla de la esfera y extiéndala con una mano, moviéndola de arriba

abajo, hasta que el fondant tenga forma de gota; repita este paso con el lado contrario de la esfera. Extienda un poco más las orillas sobre la mesa de trabajo. Pegue el fondant sobre el labio inferior del *cupcake* dándole forma con las manos. Corte con el cuchillo el exceso de fondant

en las orillas y extienda el fondant con el rodillo de manera que cubra bien toda la superficie del labio. Afine la forma con la miniespátula. ③ ④ ⑤ ⑥ ⑦
4. Para formar el labio superior, utilice una cantidad menor de fondant que para el labio superior. Forme una esfera y extien-

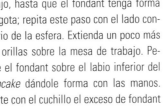

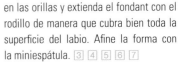

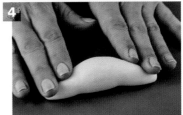

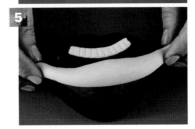

da las orillas, de la misma manera como hizo con el labio inferior. Haga un corte en forma de "V" al centro del labio y péguelo en el labio superior del *cupcake* dándole forma con las manos. Extiéndalo con el rodillo de manera que cubra bien toda la superficie del labio y corte el exceso de fondant en las orillas con un cuchillo. ⑧ ⑨ ⑩

5. Cubra los labios de fondant con *piping gel* y espolvoréeles encima las grageas de colores hasta cubrirlos bien. ⑪ ⑫

## CON HOJA DE ORO

1. Amase un poco de fondant negro y extiéndalo hasta que tenga 1 milímetro de grosor. Extraiga de él un rectángulo de 1.5 × 5 centímetros aproximadamente y péguelo en el centro del *cupcake*.

2. Amase un poco de fondant rojo y forme los labios siguiendo los pasos 5 y 6 de los Labios con grageas.

3. Dele textura a los labios de fondant rojo haciendo algunas líneas paralelas con la herramienta para fondant lisa. Úntelos con un poco de manteca vegetal y decórelos con algunos trozos pequeños de hoja de oro. ① ②

## CON DIAMANTINA

1. Amase un poco de fondant rojo y forme los labios siguiendo los pasos 5 y 6 de los Labios con grageas. Extienda bien el fondant con el rodillo y haga una línea para simular la unión de los labios con la herramienta para fondant lisa.

2. Cubra los labios de fondant con *piping gel* y espolvoréeles la diamantina rosa hasta cubrirlos bien.

## DORADOS

1. Amase un poco de fondant amarillo y forme los labios siguiendo los pasos 4 y 5 de los Labios con grageas. Extienda bien el fondant con el rodillo y haga una línea para simular la unión de los labios con la herramienta para fondant lisa.

2. Diluya un poco de abrillantador dorado en un poco de ron y pinte los labios hasta cubrirlos bien.

## Cupcakes
# Huevos de Pascua

### INGREDIENTES

- chocolate sucedáneo blanco
- colorante para chocolate de varios colores: blanco, azul, amarillo y rosa
- hojas de fécula de papa: 1 rosa, 1 amarilla, 1 negra con puntos blancos, 1 con diseño de flores y 1 blanca
- colorante en gel de varios colores: rosa, verde, amarillo, morado y azul
- *piping gel*
- abrillantador dorado
- ron
- fondant negro
- pintura comestible negra
- manteca vegetal
- betún de manteca (**ver pág. 21**)
- diamantina: blanca y verde
- *cupcakes*

### UTENSILIOS

- molde de silicón con forma de huevo de Pascua
- espátula
- 3 conos de celofán
- pinceles
- troqueles: 1 con forma de flor, 1 circular y 1 con forma de conejo
- acocador
- rodillo para fondant
- brocha de cerdas largas
- miniespátula
- tijeras
- mangas pasteleras: 1 con duya del núm. 828, 1 con duya del núm. 809, 1 con duya del núm. 868 y 1 con duya del núm. 1M

### PROCEDIMIENTO

1. Pique el chocolate blanco y derrítalo a baño maría o en el microondas. Pinte tres cuartas partes con el colorante blanco; reserve una cuarta parte de éste. Divida la cuarta parte restante en tres tazones y pinte cada uno de un color: azul, rosa y amarillo. Introdúzcalos en conos de celofán y resérvelos.

2. Vierta la cantidad grande de chocolate blanco en cada una de las cavidades del molde de silicón con forma de huevo de Pascua hasta llenar la mitad de su capacidad. Extienda el chocolate con la espátula hasta cubrir bien toda la pared del molde. Dele la vuelta al molde y deje escurrir el exceso de chocolate. Voltéelo nuevamente y refrigérelo durante 15 minutos o hasta que el chocolate se haya endurecido. Desmolde los huevos de chocolate y resérvelos.

### HUEVOS DE PASCUA CON FLORES

1. Diluya un poco de abrillantador dorado en un poco de ron. Pinte la base de un huevo de chocolate con el abrillantador y déjelo secar. ☐

2. Forme flores en las hojas de fécula de papa rosa y amarilla con el troquel y extráigalas. Coloque las flores en su mano, una por una, y presiónelas en el centro con el acocador para darles volumen. ☐

3. Pegue con un poco de *piping gel* 2 flores amarillas y 2 flores rosas en una parte del borde superior del huevo. Déjelas secar, pínteles el centro con abrillantador dorado y déjelas secar nuevamente. ☐ ☐

## HUEVOS DE PASCUA DE CONEJO

1. Coloque los huevos, uno por uno, sobre una hoja de papel o una superficie que pueda manchar. Tome un poco de pintura negra con la brocha de cerdas largas y sacúdala varias veces sobre el huevo para salpicarlo. Déjelo secar y pinte el resto de los huevos. [1]

2. Amase un poco de fondant negro y extiéndalo con el rodillo para fondant hasta que tenga 1 milímetro de grosor. Forme las decoraciones de conejo cortando el fondant a mano o con ayuda de plantillas; deberá formar por cada huevo 2 orejas, 2 ojos, 1 nariz y 1 bigote. Péguelas con *piping gel* en los huevos de chocolate con ayuda de la miniespátula. [2] [3]

## HUEVOS DE PASCUA CON DISEÑOS IMPRESOS DE HOJA DE FÉCULA DE PAPA

1. Forme círculos en la hoja de fécula de papa color negro con puntos blancos con el troquel circular. Unte las cavidades del molde de silicón con un poco de manteca vegetal y pegue en cada una algunos círculos con el diseño viendo hacia la parte interna del molde. [1] [2]

2. Vierta la cuarta parte del chocolate blanco que reservó en cada una de las cavidades del molde de silicón con forma de huevo de Pascua hasta llenarlas a la mitad de su capacidad. Extienda el chocolate con la espátula hasta cubrir bien toda la pared del molde. Dele la vuelta al molde, deje escurrir el exceso de chocolate y refrigere durante 15 minutos o hasta que el chocolate se haya endurecido. Desmolde los huevos. [3]

3. Para elaborar los huevos de Pascua con un conejo o con una flor impresa, forme en la hoja de fécula de papa blanca formas de conejo con el troquel o recorte una flor de la hoja de fécula de papa con diseño de flores. Péguelos en los moldes de silicón, como se indica en el paso 1, y después forme los huevos como se indica en el paso 2. Si lo desea, pude decorar los huevos pintándolos con abrillantador diluido en ron o con algún colorante.

## HUEVOS DE PASCUA CON LÍNEAS

1. Corte la punta de los conos de celofán y trace sobre un huevo de chocolate líneas verticales, dejando un espacio entre cada una; o bien, forme líneas en varias direcciones que se entrecrucen desordenadamente. Déjelas secar.

2. Alternativamente, puede realizar tiras delgadas con fondant de colores y pegarlas sobre el huevo con *piping gel*.

## TERMINADO

1. Divida el betún de manteca en 5 tazones y pinte cada uno con un colorante en gel distinto. Rellene cada manga pastelera con un color de betún distinto.

2. Decore los *cupcakes* con betún siguiendo alguna de las siguientes técnicas, utilice cualquiera de las duyas para la técnica 1 y, para la técnica 2, utilice la duya 1M:

   a. Técnica 1: coloque la duya en el borde del *cupcake* a 90°, presione suavemente y aplique el betún siguiendo la circunferencia del *cupcake*, desde afuera hacia el centro y hacia arriba. ① ② ③

   b. Técnica 2: coloque la duya en el borde del *cupcake* a 90°, presione para formar un rosetón pequeño y despegue la duya; forme otro rosetón a un lado del primero y continúe formando más rosetones siguiendo la circunferencia del *cupcake*, desde afuera hacia el centro. ④ ⑤

3. Diluya un poco de abrillantador dorado en un poco de ron. Decore algunos de los *cupcakes* salpicándolos con el abrillantador, y el resto espolvoreándoles las diamantinas de colores. ⑥ ⑦

4. Coloque 1 huevo de Pascua decorado sobre cada *cupcake*.

## Cupcakes
# Verano

### INGREDIENTES
- fondant: azul, rojo, amarillo, blanco y verde
- *piping gel*
- *cupcakes*
- abrillantador dorado
- ron

### UTENSILIOS
- rodillo para fondant
- cortadores: 1 circular del mismo diámetro que la superficie de los *cupcakes* y 1 pequeño con forma de flor, con expulsor
- cortadores o plantillas: 1 con forma de hoja alargada, 1 con forma de tabla de surf, 1 con forma de suela de sandalia y 1 con forma de traje de baño (**ver pág. 153**)
- marcador de letras pequeñas
- molde de silicón con textura de cáscara de piña
- pinceles, incluyendo 1 delgado
- palillos de madera largos
- exacto o cúter
- herramienta para fondant de punta fina

### PROCEDIMIENTO

1. Amase, por separado, un poco de fondant azul, rojo y amarillo y extiéndalos hasta que tengan un grosor de 1 milímetro. Forme círculos en ellos con el cortador y extráigalos. Cubra con ellos los *cupcakes* (**ver pág. 54**).

### TABLA DE SURF

1. Amase un poco de fondant blanco y extiéndalo hasta que tenga un grosor de 1 milímetro. Extraiga de él una tira de ½ centímetro de ancho aproximadamente y, con el marcador de letras, imprímale la palabra *Summer* o Verano.

2. Diluya el abrillantador dorado en un poco de ron y pinte las letras con un pincel delgado.

3. Amase un poco de fondant verde y extiéndalo hasta que tenga un grosor de 1 milímetro. Extraiga de él un rectángulo de 3 × 5 centímetros aproximadamente y, luego, córtelo por la mitad en diagonal para obtener 2 triángulos. También forme en el fondant una tabla de surf con ayuda del cortador o de la plantilla y recórtela.

4. Pegue con un poco de *piping gel* los dos triángulos de fondant, sobre la superficie de un *cupcake*, dejando entre ellos un espacio. Extraiga del fondant una tira del mismo largo que la altura de los triángulos y del mismo ancho que el espacio entre ellos; péguela a los bordes

verticales de los triángulos para unirlos. Deje secar.

5. Pegue la tira blanca con la palabra *Summer* o Verano sobre la tabla de surf y, finalmente, pegue la tabla de surf sobre la base triangular. Deje secar.

### PIÑA

1. Amase un poco de fondant amarillo. Tome una porción de él y forme una esfera. Dele forma cónica moviéndola de arriba abajo entre sus manos; éste será el cuerpo de la piña. Extienda otra porción de fondant con las manos y presiónela contra el molde con textura de cáscara de piña; extiéndala con el rodillo para marcar bien la textura y despéguela. Finalmente, extienda una porción pequeña de fondant amarillo hasta que tenga un grosor de 1 milímetro, forme en él varias hojas con el cortador o la plantilla y extráigalas. ☐1 ☐2

2. Ponga un poco de *piping gel* en la parte superior de la figura cónica y pegue una por una las hojas. Dele forma a la corona de la piña con las manos y deje secar. ☐3 ☐4

3. Barnice la forma cónica con *piping gel* y fórrela con la textura de fondant presionándola suavemente para que se amolde a la forma. Corte el exceso de fondant y afine la forma con las manos. ☐5 ☐6 ☐7

4. Diluya un poco de abrillantador dorado en un poco de ron y pinte toda la piña. Déjela secar, insértele un palillo desde el centro

de la base hasta la mitad y clávela en un *cupcake*. ☐8

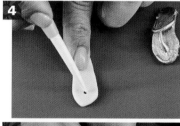

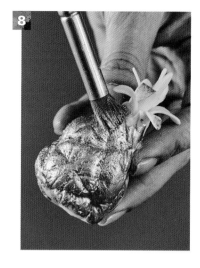

## TRAJE DE BAÑO Y SANDALIAS

1. Amase un poco de fondant rojo y extiéndalo hasta que tenga un grosor de 1 milímetro. Imprima en él la palabra *Beach* o Playa con ayuda del marcador de letras.

2. Coloque el cortador o la plantilla con forma de traje de baño en el fondant, de manera que las letras queden a la altura del pecho, y presione el cortador para extraer la figura. Inserte un palillo desde el centro de la base hasta el centro del traje de baño. ②

3. Diluya el abrillantador dorado en un poco de ron y pinte las letras con el pincel delgado. Deje secar. ③

4. Amase un poco de fondant blanco, extiéndalo hasta que tenga un grosor de 1 milímetro y forme en él dos sandalias con el cortador o la plantilla; extráigalas. Forme también 4 tiras cilíndricas delgadas y cortas.

5. Haga un pequeño orificio al centro de la punta de la suela de una sandalia con la herramienta para fondant de punta fina. Introduzca en él una de las puntas

de una de las tiras de fondant blanco, encórvela ligeramente hacia la parte trasera de la sandalia y corte el excedente. Fije a la sandalia las dos puntas de la tira con *piping gel* y déjelas secar. Después, pegue con *piping gel* la punta de otra tira en el costado superior contrario al de la primera tira, crúcela por encima de ésta y péguela con *piping gel* en el costado de la sandalia sin tira; corte el excedente. Finalmente, extraiga del fondant blanco que estiró previamente una banda muy pequeña y delgada y péguela en el borde de la punta de la suela. Deje secar. Pinte la sandalia con el abrillantador dorado y déjela secar nuevamente. Repita este paso con la otra sandalia. ④ ⑤ ⑥ ⑦ ⑧

6. Clave el traje de baño en un *cupcake* y colóquele enfrente 2 sandalias.

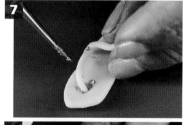

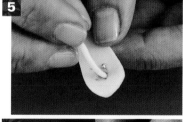

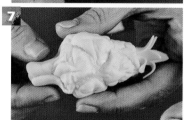

## BIKINI

1. Amase por separado un poco de fondant azul y de blanco y extiéndalos hasta que tengan un grosor de 1 milímetro.

2. Forme en el fondant blanco flores con el cortador y extráigalas. Forme en el fondant azul un rectángulo, barnícelo con un poco de manteca vegetal y péguele encima algunas flores ligeramente separadas entre ellas. Extienda verticalmente el fondant con el rodillo y, después, extiéndalo horizontalmente. [1] [2] [3]

3. Forme dos esferas pequeñas con el fondant blanco, aplánelas y deles forma triangular, pero conserve los bordes redondeados. Barnícelas con un poco de *piping gel* y colóquelas debajo del trozo de fondant azul. Presione el fondant con diseño de flores y forme las copas de un bikini de traje de baño cortando el exceso de fondant. [4] [5]

4. Elabore otro trozo de fondant azul con diseño de flores y recórtelo en forma de reloj de arena. Dóblelo por la mitad sobre sí mismo y dele forma de calzoncillo de traje de baño. [6] [7]

5. Forme 5 tiras cilíndricas delgadas con fondant azul. Pegue con *piping gel* sobre un cupcake el calzoncillo y la parte superior del bikini. Pegue con más *piping gel* las tiras de fondant azul alrededor del calzoncillo y de las dos copas del bikini. [8]

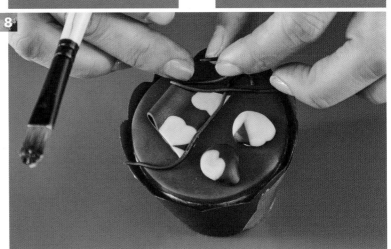

# Vestidos

## INGREDIENTES

- fondant: gris, amarillo pastel, negro, amarillo, rosa, verde y azul
- abrillantador: gris y dorado
- ron
- *cupcakes*
- *piping gel*
- 1 trozo pequeño de estola de pluma blanca
- 1 tela comestible con el diseño de su preferencia (**ver pág. 65**)
- 1 hoja de malvavisco impresa con diseño de grecas

## UTENSILIOS

- rodillo para fondant
- molde de silicón con forma de maniquí
- palos de brocheta
- pinceles
- cortadores circulares: 1 de 3 cm, 1 de 2 cm y 1 del mismo diámetro que la superficie de los *cupcakes*
- cortador con expulsor con forma de gota
- cortadores o plantillas con forma de vestido: 1 corto y 1 largo
- tijeras

## PROCEDIMIENTO

1. Amase, por separado, un poco de fondant gris y amarillo pastel y forme maniquíes con ellos con ayuda del molde de silicón. Inserte un palo de brocheta a través de la base de cada uno de los maniquíes. ① ② ③ ④

2. Amase un poco de fondant negro y extiéndalo hasta que tenga un grosor de ½ centímetro. Forme en él círculos con los cortadores de 2 y 3 centímetros de diámetro y extráigalos. Forme las bases de los maniquíes, pegando con *piping gel* los discos pequeños sobre los grandes y déjelos secar.

3. Coloque un poco de *piping gel* en la punta de los palos de brocheta y clave los maniquíes en el centro de las bases. Deje secar bien.

4. Amase, por separado, un poco de fondant rosa, gris y amarillo y extiéndalos hasta que tengan un grosor de 1 milímetro. Forme discos con el cortador grande y cubra con ellos los *cupcakes* (**ver pág. 54**).

5. Diluya en un poco de ron el abrillantador plateado y, por separado, el dorado. Pinte los maniquíes y los palos de brocheta con los abrillantadores y déjelos secar.

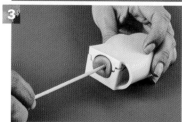
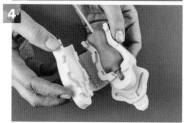

## NEGROS

1. Amase un poco de fondant negro y extiéndalo hasta que tenga un grosor de 1 milímetro. Forme un vestido, ya sea corto o largo, con el cortador o plantilla, para obtener la parte trasera y delantera del mismo; además, corte dos tiras delgadas del mismo largo que el costado del vestido.

2. Barnice todo el maniquí con *piping gel* y pegue la parte frontal del vestido presionándola bien para que tome la forma del maniquí. Después, coloque la parte trasera del vestido, pero sin presionar las orillas; póngales a éstas un poco de *piping gel* y péguelas a los laterales de la parte frontal del vestido. Cubra ambas uniones del vestido pegando sobre ellas las dos tiras negras. ① ② ③ ④

3. Decore el vestido corto como sigue: haga un corte en forma de "V" en la base de los costados del vestido. Amase un poco de fondant rosa, verde, azul y amarillo y extiéndalos por separado hasta que tengan un grosor de 1 milímetro. Forme en ellos varias gotas de colores con ayuda del cortador, extráigalas y péguelas en todo el vestido con un poco de *piping gel*. ⑤ ⑥

4. Decore el borde superior del vestido largo pegándole con un poco de *piping gel* la estola blanca.

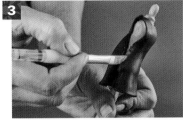

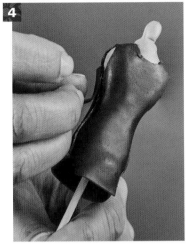

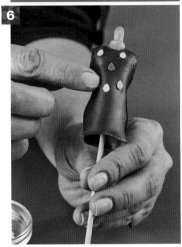

## CON FALDA PLISADA

1. Amase un poco de fondant negro y extiéndalo hasta que tenga un grosor de 1 milímetro. Extraiga de él dos tiras delgadas y una de 1.5 centímetros de ancho aproximadamente. Extraiga de la tela comestible un rectángulo lo suficientemente grande para cubrir y envolver el torso del maniquí.

2. Barnice el maniquí con un poco de *piping gel*. Para formar la falda, rodee el maniquí con la tira ancha de fondant negro, a la altura de la cintura. Cubra el torso y la orilla superior de la falda con el rectángulo de tela comestible, estírelo bien para que se ajuste a la silueta del torso y junte las uniones en la espalda del maniquí. Deje secar. ① ② ③

3. Amase un poco de fondant amarillo, extiéndalo hasta que tenga un grosor de 1 milímetro y extraiga de él 2 tiras de 1 centímetro de ancho aproximadamente. Plise las tiras y rodee con una de ellas la falda, ligeramente por debajo de la cintura; pegue las uniones en la parte trasera del maniquí. Después, pegue el plisado restante justo encima del primero. ④ ⑤

4. Pegue las dos tiras de fondant negro restantes, una alrededor de la cintura y la otra alrededor de la orilla superior del vestido. Deje secar. ⑥

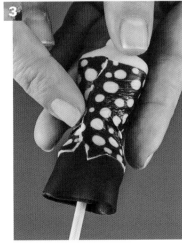

## LARGO CON DISEÑO DE GRECAS

1. Extraiga un rectángulo de la hoja de malvavisco lo suficientemente grande para cubrir y envolver el torso del maniquí. Divida imaginariamente uno de los lados largos del rectángulo en tres partes iguales y corte con las tijeras un triángulo pequeño entre cada tercio. Con el trozo de hoja de malvavisco restante, forme un segundo rectángulo, largo y lo suficientemente ancho para envolver la cintura del maniquí. ☐1

2. Cubra el maniquí con un poco de *piping gel* y envuelva el torso con el primer rectángulo, formando un pliegue con los triángulos de manera que la hoja se ajuste bien a la cintura el maniquí. ☐2 ☐3

3. Pliegue uno de los lados cortos del segundo rectángulo de hoja de malvavisco y rodee con él la cintura del maniquí; el pliegue servirá para que la falda se ajuste bien a la cintura y para darle volumen a la caída. Péguelo con *piping gel*. ☐4 ☐5

4. Amase un poco de fondant amarillo y extiéndalo hasta que tenga un grosor de 1 milímetro. Extraiga de él 4 tiras largas, de 1 centímetro de grosor aproximadamente y, en dos de ellas, recorte en diagonal una de sus puntas.

5. Pegue en un costado de la cintura del maniquí las dos tiras con las puntas recortadas para formar las tiras del moño. Doble una de las tiras restantes por la mitad horizontalmente y rodee con ella la cintura, colocando la unión en la espalda del maniquí. Con la tira restante forme un nudo y péguelo sobre la cinta anterior, a la altura de la unión de las dos tiras del moño. ☐6 ☐7 ☐8 ☐9

6. Amase un poco de fondant negro, extiéndalo hasta que tenga un grosor de 1 milímetro y extraiga de él una tira delgada. Péguela alrededor del borde superior del vestido y deje secar. ☐10

## TERMINADO

1. Pegue los maniquíes sobre los *cupcakes* con *piping gel*.

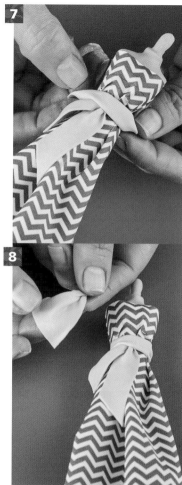

# Pasteles

En esta sección encontrará varios diseños de pasteles ideales para ocasiones diversas y elaborados con distintas técnicas. Encontrará tres técnicas distintas para crear el "escurrido" característico de los *dripcakes*; tres pasteles miniatura, perfectos para embellecer una mesa de postres de un bautizo o cumpleaños de un bebé; tres pasteles con acabados únicos y vanguardistas; además de un proyecto tres en uno que consiste en realizar ligeras modificaciones a un diseño base para obtener tres pasteles de celebración distintos: XV años, boda y aniversario de boda. Los pasteles de esta sección los puede elaborar con los bizcochos y los rellenos de su elección (**ver Bizcochos, págs. 31-35; Rellenar, págs. 42-43 y Rellenos, págs. 21-23**). Realice el montaje y el resane de cada uno de los niveles con anticipación para poder congelarlos antes de cubrirlos con fondant y que éste seque antes de comenzar a realizar las decoraciones.

## Pasteles

# Colores pastel

### INGREDIENTES

- fondant amarillo pastel
- manteca vegetal
- abrillantador dorado
- *piping gel*
- colorantes pastel: rojo, azul, verde, amarillo y morado
- ron
- 2 pasteles tubulares cubiertos con fondant blanco (**ver pág. 49-51**), con el piso de base ligeramente más grande que el piso superior
- ganache rosa (**ver pág. 41**)
- algodón de azúcar de distintos colores

### UTENSILIOS

- rodillo para fondant
- plantilla de cartón con un número 1 (**ver pág. 154**)
- brocheta de madera
- miniespátula
- cortador con la frase *Happy Birthday* o Feliz Cumpleaños
- pinceles
- alfiler
- hoja blanca de papel
- brocha
- paleta para pintura o acuarelas
- atomizador pequeño
- acetato
- espátula angulada pequeña

### NÚMERO 1 Y FRASE DE CUMPLEAÑOS

1. Amase el fondant amarillo pastel y extiéndalo con el rodillo para fondant hasta que tenga un grosor de ½ centímetro. Coloque la plantilla que tiene el número 1 sobre el fondant e inserte la brocheta en el fondant, al centro de la base del número 1. Empújela hasta que llegue a la mitad del número. Corte con la miniespátula el número 1 siguiendo el contorno de la plantilla. Déjelo secar durante 1 día. 1 2 3 4

2. Amase otro trozo de fondant amarillo pastel y extiéndalo hasta que tenga 3 milímetros de grosor. Presione el cortador con el letrero de *Happy Birthday* o Feliz Cumpleaños sobre el fondant, dele la vuelta y pase el rodillo por encima del fondant y del cortador para remarcar bien las letras. Retire el exceso de fondant de las orillas y comience a despegar las letras del cortador presionándolas ligeramente. Con ayuda de un alfiler retire el exceso de fondant entre las letras. Termine de despegar las letras del cortador, dele vuelta al cortador y empuje delicadamente el letrero de fondant para despegarlo. 5 6 7 8 9 10

3. Coloque el número 1 y el letrero de fondant sobre una hoja blanca. Unte su superficie con un poco de manteca vegetal y píntelos con el abrillantador dorando utilizando la brocha. 11 12

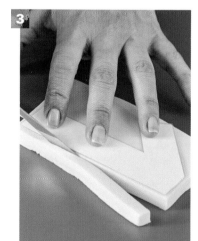

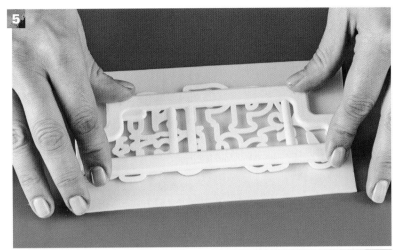

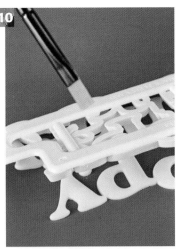

## PASTEL

1. Coloque los colorantes en la paleta y rocíelos con el ron. Pinte con un pincel el acetato por secciones con los diferentes colorantes, sin mezclarlos. ☐1 ☐2

2. Pegue con cuidado el acetato sobre la pared del nivel inferior del pastel y presiónela suavemente para trasladar el color al fondant. Despegue el acetato y repita este paso hasta cubrir todos los espacios en blanco de las paredes del pastel. Deberá aplicar más colorante al acetato cada dos o tres aplicaciones. Una vez que la superficie esté completamente cubierta, rellene los espacios en blanco que hayan quedado muy grandes, presionando el acetato y encimando diferentes colores. Deje secar. ☐3 ☐4 ☐5

3. Monte el nivel superior del pastel sobre el inferior (**ver pág. 55**).

4. Vierta poco a poco la ganache rosa encima del nivel superior del pastel y extiéndala con la espátula angulada hasta cubrir toda la superficie. Añada un poco más de ganache en el perímetro y jálela hacia abajo, para después, dejar que caiga y escurra por la pared del pastel. ☐6 ☐7 ☐8

5. Unte la parte trasera del letrero de *Happy Birthday* con un poco de *piping* gel y péguelo en el piso superior del pastel. Clave el número 1 en la superficie del piso superior y decore con los algodones de azúcar. ☐9

La consistencia de la ganache rosa no deberá ser ni muy líquida ni muy espesa para que pueda escurrir lentamente por las paredes del pastel.

# Pasteles

# Colores neón

## INGREDIENTES

- 2 cucharadas de grenetina en polvo
- 6 cucharadas de agua
- colorante en gel en color neón: anaranjado, amarillo, verde y rosa
- 1 pastel tubular resanado con betún blanco, congelado (**ver pág. 46**)
- betún de manteca (**ver pág. 21**)
- ganache de chocolate blanco
- colorante blanco liposoluble
- hoja de grenetina rosa (**ver pág. 64**)
- confitería de colores neón
- hoja de plata comestible

## UTENSILIOS

- 4 globos esféricos
- base de unicel cubierta con plástico autoadherente
- tijeras pequeñas
- 4 raspas
- manga pastelera con duya del núm. 6
- espátula angulada
- alisador para fondant
- base giratoria
- *topper* plateado con la palabra "Love"

## GLOBOS

1. Infle cada globo muy ligeramente y anúdelos, introdúzcales un palillo en el nudo y barnícelos con un poco de manteca.

2. Añada la grenetina al agua y deje que se hidrate durante 5 minutos; derrítala en el microondas, divídala en 4 porciones y pinte cada una con un colorante neón. Sumerja cada globo en una de las grenetinas, escúrrales el exceso y clávelos sobre la base de unicel. Déjelos secar durante 1 día.. 1

3. Pinche los globos con las tijeras pequeñas y despréndalos de la grenetina con ayuda de un palillo. Resérvelos. 2 3

## PASTEL

1. Divida el betún de manteca en 4 porciones y pinte cada uno con un colorante neón distinto.

2. Tome un poco del betún verde con una de las raspas. Sujete el pastel de la parte superior con el alisador para fondant. Unte el betún en alguna sección de la pared del pastel, jalando ligeramente la raspa en dirección diagonal para crear un manchón verde irregular. Repita este paso varias veces con el resto de los colores. 1 2

3. Pinte la ganache de chocolate blanco con el colorante blanco para chocolate. Cubra con un poco de ésta la parte superior del pastel y extiéndala hasta el perímetro con la espátula. Introduzca el resto de la ganache en la manga pastelera y aplíquela por todo el perímetro superior del pastel, creando líneas ocasionalmente que escurran hacia abajo. 3 4

4. Decore la superficie del pastel con los globos de grenetina, la hoja de grenetina rosa y la confitería. Añada algunos trozos de hoja de plata en el pastel y en la hoja de grenetina, y clave el *topper* en el centro del pastel.

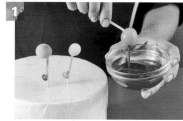

## Pasteles

# Colores metálicos

### INGREDIENTES

- fondant: gris y negro
- colorantes: plateado metalizado y rosa
- abrillantador: dorado y plateado
- ron
- isomalt

- 1 pastel cúbico con la cara superior cubierta con fondant negro y tres caras laterales cubiertas con fondant morado
- *piping gel*
- coral negro (**ver pág. 66**)

### UTENSILIOS

- molde de silicón con textura de piedra
- tapete para fondant
- rodillo para fondant
- pincel
- brocha

### TEXTURA METALIZADA Y GOTA ESCURRIENDO

1. Para hacer la textura metalizada de piedra, extienda un trozo de fondant gris y presiónelo bien contra el molde de silicón con la textura de coral. Desprenda la pieza de fondant texturizada y déjela secar. De acuerdo con el tamaño del pastel y de su molde de silicón, deberá formar la cantidad necesaria de texturas para cubrir una de las paredes del pastel.

2. Para hacer la gota escurriendo, amase un trozo de fondant gris hasta que sea maleable. Dele forma de esfera y aplánelo ligeramente. Jale una parte del borde de la esfera de fondant, con las manos, para crear una punta; extiéndala y vaya dándole forma con las manos. Repita este paso para crear dos puntas más, jalándolas poco a poco para estirarlas. Una vez que obtenga una forma similar a una mano con 3 dedos, colóquela sobre el tapete de silicón y extiéndala gradualmente con el rodillo hasta que obtenga una forma similar a una "gota larga escurriendo". Termine de darle forma con las manos.

3. Diluya el colorante plateado con un poco de ron y pinte con él la textura de piedra con una brocha, y la gota escurriendo con pincel. Mezcle los abrillantadores y aplíquelos con la brocha sobre ambas preparaciones. Déjelas secar.

## CEREZAS

1. Forme varias esferas de fondant negro de 3 centímetros de diámetro aproximadamente. Píquelas con un palillo para darles forma de cereza. ① ②

2. Derrita el isomalt en el microondas. Sujete con el palillo una esfera de fondant, pinchándola en el orificio que hizo previamente, y sumérjala en el isomalt hasta cubrirla por completo. Escúrrale el exceso y déjela reposar sobre una rejilla. Repita este paso con el resto de las esferas de fondant. Déjelas secar entre 6 y 8 horas. ③ ④

## PASTEL

1. Aplique un poco de *piping gel* a las texturas de piedra y péguelas la cara del cubo de pastel sin fondant. Acomode la gota escurriendo en la pared contigua, de manera que una parte de ella quede en la parte superior del pastel y otra cayendo en la pared del pastel. Péguela con *piping gel*. ①

2. Decore la superficie del pastel con las cerezas y el coral negro.

## Pasteles

# Minipasteles

### INGREDIENTES

- 3 pasteles tubulares de entre 8 y 10 cm de diámetro y 15 y 20 cm de altura, cubiertos con fondant blanco (**ver págs. 49-51**)
- *royal icing:* medio color y azul pastel
- ron
- confitería: plateada, azul pastel, dorada y multicolor
- abrillantador: plateado y dorado
- betunes de manteca: azul, rosa pastel y rosa (**ver págs. 21 y 40**)
- diamantina: *rainbow* y *baby blue*
- 8 merengues blancos (**ver pág. 67**)
- pintura comestible rosa
- merengues troceados
- 8 macarrones blancos
- cono pequeño para helado
- manteca vegetal
- hoja de oro comestible
- fondant: blanco y rosa
- colorantes en gel: rojo, verde, azul y morado
- *piping gel*

### UTENSILIOS

- 3 bases para pastel
- raspa
- alisador para fondant
- aspersor
- marcadores de letras
- pinceles, incluido 1 de punta fina
- 2 mangas pasteleras con duya: 1 del núm. 828 y 1 del núm. 825
- brocha ancha
- base giratoria
- papel encerado
- lápiz comestible
- cepillo
- globos rellenos de confeti metalizado: 1 azul y 1 rosa
- pinzas de punta fina
- paleta para pintura o acuarelas
- palo de madera grueso de 30 cm de largo aprox.
- 4 goteros
- rodillo para fondant
- personalizador pequeño para escritorio

### AZUL

1. Pegue con un poco de *royal icing* blanco uno de los pasteles a una de las bases y déjelo secar.
2. Aplique el *royal icing* azul por todo el contorno de la base del pastel de la siguiente forma: sujete el pastel de la parte superior con el alisador para fondant, tome un poco de *royal icing* con la raspa y úntelo en la base del pastel, jalando ligeramente la raspa hacia arriba para crear un manchón azul. Repita este paso varias veces hasta completar todo el contorno del pastel. [1]
3. Rocíe la base azul del pastel con un poco de agua y espolvoréele encima la confitería plateada y azul. [2]

4. Marque el nombre deseado en el centro del pastel con los marcadores de letras de la siguiente forma: presione, uno por uno, cada marcador de letra contra la superficie del pastel sujetándolo de la parte superior con el alisador. [3]
5. Diluya un poco de abrillantador plateado en un poco de ron y pinte las letras con el pincel de punta fina. [4]
6. Llene con el betún azul la manga pastelera con la duya del número 828. Forme rosetones grandes equidistantes en el perímetro de la parte superior del pastel. Espolvoréelos con la diamantina *rainbow* y *baby blue*, y coloque 1 merengue blanco sobre cada uno. Finalmente, clave el globo relleno de confeti metalizado azul. [5] [6]

## ROSA

1. Diluya la pintura rosa en un poco de ron. Coloque uno de los pasteles sobre la base giratoria, tome un poco de la pintura con la brocha ancha y colóquela en un ángulo de 45° sobre la pared del pastel. Sujete el pastel de la parte superior con el alisador para fondant y aplique la pintura moviendo la brocha de derecha a izquierda. Repita este movimiento hasta cubrir bien toda la superficie del pastel; si es necesario, repase lo ya pintado para intensificar el color, pero siguiendo el mismo movimiento. Pinte la parte superior del pastel moviendo la brocha en círculos. ① ②

2. Pegue el pastel con un poco de *royal icing* blanco a una de las bases y déjelo secar.

3. Rocíe la base del pastel con un poco de agua y espolvoréele encima los merengues troceados y la confitería dorada. ③

4. Escriba con el lápiz comestible el nombre deseado en un trozo de papel encerado por ambos lados. Coloque el papel sobre la superficie del pastel y remarque firmemente el nombre. Diluya un poco de abrillantador dorado en un poco de ron, pinte las letras con el pincel de punta fina y salpique algunas gotas con una brocha. ④ ⑤

5. Llene con el betún rosa la manga pastelera con la duya del número 825. Forme una línea de betún desde el borde hasta el centro del pastel, y repita este paso 3 veces más hasta dibujar una cruz; después, forme cuatro líneas más entre las ya formadas. Espolvoree el betún con la diamantina *rainbow* y coloque 1 macarrón sobre cada línea. Finalmente, clave el globo relleno de confeti metalizado rosa. ⑥

## COLORES

1. Barnice el cono para helado con un poco de manteca vegetal y fórrelo con la hoja de oro con ayuda de las pinzas. Pegue bien la hoja barnizándola con un poco más de manteca para obtener una superficie lisa. Deje secar. ☐1 ☐2

2. Introduzca el palo de madera en el centro del pastel restante hasta llegar casi a la base del pastel. Coloque los colorantes en gel y un poco de abrillantador dorado en la paleta y rocíelos con un poco de ron para diluirlos.

3. Pinte varias líneas paralelas y horizontales de distintos colores en toda la circunferencia del pastel como sigue: sujete el pastel sosteniéndolo del palo de madera y aplíquele los colorantes, uno por uno y con un gotero, al mismo tiempo que gira el pastel sobre su propio eje. Deje secar la pintura antes de poner el pastel en posición vertical. ☐3

4. Retire el palo de madera del pastel y cubra el orificio con un poco de *royal icing* blanco.

5. Amase un poco de fondant blanco, dele forma de esfera y moldéela con las manos para deformarla un poco y darle apariencia de bola de helado. Péguela en el borde del pastel con un poco de *piping gel*. Forme algunas gotas escurridas de fondant blanco y péguelas sobre la pared del pastel, debajo de la bola de helado. Decore la bola de helado con la confitería multicolor, clávele un palillo de madera en el borde, barnice con un poco de *piping gel* el borde ancho del cono forrado con la hoja de oro e insértelo boca abajo en el palillo. ☐4

6. Amase un poco de fondant rosa, extiéndalo con el rodillo hasta que tenga un grosor de 2 milímetros y extraiga un rectángulo de 4 × 10 centímetros. Colóquelo sobre el personalizador para escritorio, presiónelo y déjelo secar. ☐5

7. Escriba con el lápiz comestible el nombre de su elección sobre papel encerado. Colóquelo sobre el fondant rojo en forma de personalizador y remárquelo delicadamente. Pinte el nombre con el abrillantador dorado diluido en ron y decore la placa salpicándola en una orilla con un poco de abrillantador. Péguela sobre el pastel con un poco de *piping gel*. ☐6

# Baby Bruno

## INGREDIENTES

- fondant: gris, verde, blanco, negro y azul pastel
- *piping gel*
- 1 pastel tubular de dos niveles, el inferior ligeramente más grande que el superior, cada uno cubierto con fondant azul pastel (**ver págs. 49-51**)
- 1 pastel tubular pequeño cubierto con fondant gris
- abrillantador plateado
- ron

## UTENSILIOS

- rodillo para fondant
- miniespátula
- pinceles
- multicortador geométrico de triángulos
- regleta de abecedario
- cortadores o plantillas: 1 ovalado de 5 cm aprox. y 1 que simule una vela de cumpleaños con un número
- 2 brochetas de madera
- molde de silicón con textura de tejido

### LAZOS, BANDERILLAS, GLOBOS Y PERLAS

1. Amase, por separado, los fondant gris, verde y blanco y extiéndalos hasta que tengan un grosor de 1 milímetro.

2. Elabore los lazos como sigue: extraiga 8 tiras delgadas de fondant gris de entre 8 y 10 centímetros de largo y corte en diagonal una de las puntas de cada una de las tiras. Júntelas en pares, presionándolas de las puntas que no tienen el corte diagonal; resérvelas. Extraiga también del fondant gris 4 rectángulos de entre 4 y 5 centímetros de largo. Junte las dos puntas de un lado corto de uno de los rectángulos, y luego doble las puntas hacia arriba; repita estos dobleces en el lado contrario del rectángulo, doblando también la parte central de éste y plisándola hacia dentro. Junte los extremos de la tira que obtuvo y extraiga el bucle que se forma del lado opuesto, cortando el exceso de fondant. Repita este paso con los 3 rectángulos restantes para obtener 3 bucles. Péguelos con *piping gel* en la unión de cada par de tiras que reservó. ☐1 ☐2 ☐3

3. Marque y extraiga varios triángulos de fondant verde con el multicortador geométrico. También, extraiga 4 tiras largas y delgadas de fondant blanco. Con estos elementos formará las banderillas. ☐4

4. Pegue los lazos con *piping gel* en el nivel inferior del pastel base, lo más cerca del borde superior de éste y equidistantemente entre ellos. Forme las banderillas como sigue: pegue con *piping gel* una de las tiras de fondant blanco entre dos lazos, creando una ligera curva en medio; retire el exceso de fondant en las puntas de la tira y repita este paso con las 3 tiras restantes. Finalmente, pegue los triángulos verdes debajo de las tiras de fondant blanco. Deje secar.

5. Forme los globos como sigue: amase, por separado, un poco de fondant verde, gris y blanco. Forme una esfera de fondant gris y una de fondant verde y deles forma de globo jalándolas desde una porción de ésta. Marque en los globos una línea que rodee su extremo corto. Forme con un poco de fondant blanco dos cilindros muy delgados, que serán los listones de los globos, y péguelos en el extremo angosto de éstos. Déjelos secar.

6. Forme las perlas como sigue: haga varias esferas de diversos tamaños de fondant blanco. Péguelas con *piping gel* en donde se unen ambos niveles del pastel.

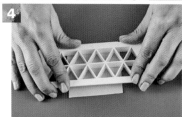

## LETRAS Y NÚMERO

1. Amase un poco de fondant gris, azul pastel y blanco y extiéndalos por separado hasta que tengan un grosor de 1 milímetro. Marque en el fondant gris las letras del nombre que desee con la regleta de abecedario y extráigalas; haga lo mismo en el fondant azul, pero con las letras del número de años. Marque un óvalo en el fondant blanco con el cortador o plantilla que tiene esta forma y extráigalo.

2. Pegue con *piping gel* el óvalo blanco al centro de la superficie lateral del pastel pequeño. Deje secar y pegue sobre el óvalo las letras azules con el número de años. Deje secar.

3. Pegue en el nivel superior del pastel de dos niveles, las letras azules del nombre que eligió, alineando las letras con una de las banderillas. Deje secar.

4. Amase un poco de fondant verde y extiéndalo hasta que tenga un grosor de 1 centímetro. Marque en él la vela de cumpleaños con número con el cortador que tiene esta forma y extráigala. Insértele la brocheta de madera en la base. Pinte la flama de la vela con el abrillantador plateado y déjela secar durante un par de horas. Clave el número en el centro del pastel pequeño.

## CONEJO

1. Amase un poco de fondant gris, negro y azul pastel, por separado, y moldee las siguientes formas: con el fondant gris, 1 esfera con dos pequeños orificios marcados con una brocheta de madera para formar la cabeza del conejo, 1 pieza con forma de gota para el cuerpo, 2 brazos y 2 piernas. Con el fondant negro, dos esferas pequeñas para los ojos. Al fondant azul pastel dele forma de tejido con el molde de silicón y extraiga de él 1 triángulo muy pequeño para la nariz.

2. Extienda un poco de fondant gris, dele textura de tejido con el molde de silicón y forre con éste cada una de las partes del conejo: cabeza, cuerpo, brazos y piernas. Vuelva a marcar en la cabeza los dos orificios para los ojos. ① ② ③ ④

3. Forme las orejas del conejo con el fondant gris con textura de tejido como sigue: extraiga de él 1 rectángulo y divídalo imaginariamente a la mitad a lo largo. Doble una de las esquinas sobre sí misma, de manera que su punta llegue a la línea central; repita este paso con la esquina contigua. Doble los laterales del rectángulo sobre sí mismos hasta que sus bordes se toquen en la línea central. Dé forma redondeada a la base de la oreja retirando el exceso de fondant. Repita este paso para formar la segunda oreja. ⑤ ⑥

4. Para ensamblar el conejo, inserte el cuerpo en una brocheta de madera y pegue con *piping gel*, en la base de éste, las piernas. Deje secar bien. Coloque un poco de *piping gel* en la parte superior del cuerpo e inserte en la brocheta, uno por uno, los brazos. Añada *piping gel* sobre la unión de los brazos y clave la cabeza en la brocheta. Deje secar el conejo durante un día. ⑦ ⑧ ⑨ ⑩

5. Forme la bufanda como sigue: extienda un poco de fondant amarillo con el rodillo

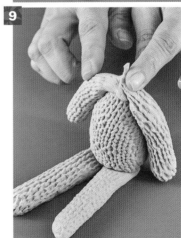

para fondant hasta que tenga un grosor de 2 milímetros; extraiga de él 1 rectángulo de 3 × 6 centímetros y 2 rectángulos de 2 × 4 centímetros. Divida imaginariamente el rectángulo grande en tres partes iguales a lo ancho; doble una de las partes sobre sí misma hasta que cubra por completo la parte central y, después, doble la parte del lado contrario, también sobre sí misma, para que quede encima del primer doblez. Rodee el cuello del conejo con la bufanda y péguela con *piping gel*. ⑪ ⑫

6. Divida imaginariamente uno de los rectángulos pequeños por la mitad a lo largo. Doble una mitad sobre sí misma, de manera que cubra y sobrepase un poco la línea central y, después, doble el lado contrario sin que cubra por completo el doblez anterior. Corte una de las puntas en diagonal y presione la punta contraria para formar un plisado. Forme un nudo con el rectángulo de fondant restante, péguelo con *piping gel* sobre el plisado y pegue éstos, también con *piping gel*, sobre la bufanda. ⑬ ⑭ ⑮

7. Finalmente, pegue las orejas sobre la cabeza, inserte las dos esferas de fondant negro en las orbitas de los ojos y pegue con *piping gel* la nariz de fondant azul. Deje secar el conejo durante 1 día antes de pegarlo en la parte superior del pastel de dos niveles. ⑯ ⑰ ⑱

BABY
BRUNO

Three

# Bolsa

## INGREDIENTES

- 5 bizcochos rectangulares de 10 × 30 cm y 3 cm de alto, aprox.
- betún de manteca (**ver pág. 21**)
- ganache firme (**ver pág. 22**)
- fondant: negro y amarillo
- hojas de obulato
- *piping gel*
- abrillantador dorado
- ron
- pegamento negro (**ver pág. 24**)
- manteca vegetal

## UTENSILIOS

- espátula
- cuchillo de sierra
- patrón con forma de bolsa (**ver págs. 155-158**)
- rodillo para fondant
- aspersor
- pistola decapadora o secadora de cabello
- herramientas para fondant: 1 de punta fina y 1 de carretilla
- exacto o cúter
- sello con el diseño de su preferencia

## BIZCOCHO CON FORMA DE BOLSA

1. Apile los 5 bizcochos aplicando un poco de betún de manteca entre cada piso. (**ver pág. 55**).

2. Corte los bizcochos con ayuda de la plantilla con forma de bolsa como sigue: coloque la parte frontal-trasera de la plantilla frente a una las superficies con mayor extensión de los bizcochos y córtelos, de arriba abajo con el cuchillo de sierra, siguiendo el contorno de la plantilla. Ponga la parte de la plantilla que formará la base en la parte superior de los bizcochos y córtelos de forma recta, también de arriba abajo y con el cuchillo de sierra, siguiendo el contorno de la plantilla. 1️⃣ 2️⃣

3. Afine la forma de la bolsa redondeando los bordes superiores y laterales con el cuchillo de sierra. Congele el pastel durante 4 horas. 3️⃣

4. Saque el pastel del congelador y resánelo con la ganache firme (**ver pág. 46**). Resérvelo en congelación.

## TEXTURA

1. Amase suficiente fondant negro para cubrir la bolsa con él, y extiéndalo hasta que tenga un grosor de 3 milímetros. Extraiga 2 cuadros ligeramente más grandes que las caras frontal y trasera del pastel; 2 rectángulos ligeramente más grandes que las caras laterales; 1 rectángulo ligeramente más grande que la parte superior del pastel; 4 tiras delgadas más largas que la altura del pastel; 2 tiras delgadas más largas que el largo del pastel, y 2 tiras delgadas más largas que el ancho del pastel.

2. Rocíe con el aspersor un poco de agua en 1 de los cuadros de fondant y cúbralo con las hojas de obulato, colocándolas una al lado de otra, sin encimarlas. Repita este paso con el cuadro de fondant restante y con los dos rectángulos. Rocíe las piezas con un poco más de agua y séquelas con la pistola decapadora o con la secadora de cabello para crear una textura que semeje piel. 1️⃣ 2️⃣ 3️⃣

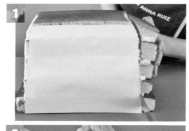
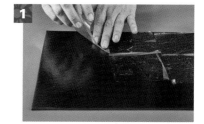

3. Dé forma a las piezas de fondant con ayuda de la plantilla, dejándolas 2 centímetros más grandes que ésta.

## FORRADO

1. Forre el pastel con las distintas piezas de fondant como sigue: barnice con *piping gel* uno de los laterales del pastel, tome una de las piezas laterales de fondant y dóblela ligeramente de la parte superior para formarle una curva; péguela en el pastel presionándola suavemente para que quede bien estirada, y dele forma a la punta curva para formar un hueco. Repita este paso con el lateral opuesto. ☐1 ☐2

2. Barnice la parte superior del pastel con *piping gel*. Enrolle sobre sí mismo el rectángulo de fondant sin textura, colóquelo en uno de los bordes de la parte superior del pastel y desenróllelo poco a poco para pegarlo. ☐3

3. Aplique *piping gel* a la cara frontal del pastel. Doble por la mitad uno de los cuadros de fondant, dejando la textura por dentro del doblez, y péguelo en la base de la cara frontal de la bolsa; estírelo para evitar que se formen bolsas de aire y, después, desdóblelo para pegar la parte superior. ☐4 ☐5

4. Una entre sí las orillas excedentes de los laterales y de la cara frontal y trasera de la bolsa como sigue: aplíqueles un poco de *piping gel*, de manera individual, y vaya cubriendo las uniones con las tiras de fondant negro según corresponda: las 4 tiras para las uniones laterales, las 2 largas para la parte superior frontal y tra-

sera, y las 2 pequeñas para los laterales curveados en la parte superior de la bolsa. Deje secar la bolsa. ☐6 ☐7 ☐8 ☐9

## ASAS

1. Amase un poco de fondant negro y extiéndalo hasta que tenga un grosor de 3 milímetros. Extraiga de él las siguientes formas: 4 trapecios de 4 centímetros de base; 4 trapecios de 3 centímetros de base; 4 tiras anchas de 30 centímetros de largo; 4 tiras anchas de 10 centímetros de largo, y 2 tiras cilíndricas gruesas de 20 centímetros de largo.

2. Pegue con un poco de *piping gel* los trapecios chicos centrados sobre los trapecios grandes. Coloque un ensamble de trapecios, con el lado corto hacia arriba, en la mitad inferior de una de las tiras de fondant de 10 centímetros de largo, centrado a lo ancho de la tira; barnice el ensamble de trapecios con *piping gel* y doble por la mitad la tira, hacia abajo, para cubrir el ensamble de trapecios, cerciorándose de que quede un espacio pequeño en la parte superior de éste. Marque y presione todo el fondant encima del ensamble de trapecios con la herramienta de punta fina; corte con la miniespátula el fondant excedente del ensamble de trapecios, cerciorándose de no cortar el lado corto; afine la forma con la herramienta para fondant de punta fina. Forre de la misma manera los 3 trapecios restantes. ☐1 ☐2 ☐3 ☐4 ☐5

3. Estire con el rodillo las puntas de las 2 tiras cilíndricas de fondant de 20 centímetros de largo y deles forma similar a los ensambles de trapecio retirando el excedente de fondant con la miniespátula. ☐6 ☐7

4. Extienda una de las tiras cilíndricas y barnícela con *piping gel*. Cúbrala con una de las tiras de fondant de 30 centímetros de largo, presionando bien a los lados de la tira cilíndrica para evitar las bolsas de aire. Extienda otra de las tiras de 30 centímetros, aplíquele un poco de *piping gel* y coloque encima la tira cilíndrica cubierta, presionando nuevamente a los lados de la tira. Retire el excedente de fondant con el exacto o cúter para formar el asa de la bolsa. Forre de la misma manera la tira gruesa restante. Decore el contorno de las asas con la herramienta

de carretilla. Doble las puntas de las asas sobre sí mismas, dejando un espacio libre en el doblez, y péguelas con *piping gel*. 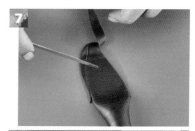 8 9 10

5. Forme las hebillas de las asas como sigue: amase un poco fondant amarillo y forme 8 tiras cilíndricas delgadas de 2 centímetros de largo; dóbleles las puntas en un ángulo de 90°. Diluya un poco de abrillantador dorado en un poco de ron, y pinte con él las hebillas. Déjelas secar.

6. Pegue con el pegamento negro 2 ensambles de trapecios en la cara delantera de la bolsa y 2 en la cara trasera, cerciorándose que los lados cortos de cada ensamble queden hacia arriba, a una distancia de 3 centímetros del borde superior y a 5 centímetros de distancia de los laterales de la bolsa. Deje secar los trapecios y pegue encima las asas. Déjelas secar. 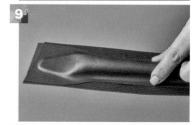 11

7. Introduzca las hebillas en los espacios que quedaron en las asas y en los ensambles de trapecio y péguelas con un poco de pegamento negro. Déjelas secar.  12

## LLAVERO

1. Amase un poco de fondant amarillo, extiéndalo hasta que tenga un grosor de 3 milímetros y extraiga un rectángulo de 4 × 8 centímetros. Aparte, moldee con el fondant una tira cilíndrica larga y delgada.

2. Barnice el sello de su elección con un poco de manteca vegetal y presiónelo en el centro del rectángulo de fondant. Retire con la miniespátula el excedente de fondant alrededor del sello para obtener un rectángulo con un lado corto en la punta. Haga un pequeño orifico en ésta con la punta de una duya.

3. Barnice con un poco de manteca el llavero y la tira amarilla y píntelos con abrillantador dorado en polvo. Déjelos secar e introduzca la tira a través del orifico del llavero y presiónela de las puntas. Pegue con un poco de pegamento negro el llavero a un extremo de la parte superior de la bolsa y el llavero en una de las orillas de la bolsa y déjelo secar.

**Pasteles**

# Vestido con minipastel

## INGREDIENTES

- bizcochos circulares de 5 cm de altura: 2 de 10 cm de diámetro, 1 de 8 cm y 1 de 6 cm
- betún de manteca (**ver pág. 21**)
- ganache firme (**ver pág. 22**)
- bloque de arroz inflado para modelar
- *royal icing*
- fondant: negro, rosa y blanco
- *piping gel*
- colorante líquido: rosa, morado y anaranjado
- abrillantador: dorado y plateado
- ron
- 1 pastel tubular pequeño

## UTENSILIOS

- 2 bases de cartón grueso: 1 de 10 cm de diámetro y 1 de 5 cm.
- columna o pilar de 1 cm de grosor y de 24 cm de alto
- silicón frío
- espátula
- cuchillo de sierra
- patrones: 1 con forma de busto y 1 con forma de blusa (**ver pág. 154**)
- rodillo para fondant
- pinceles, incluido 1 de punta fina
- goteros
- pistola decapadora o secadora de cabello

## BASE Y BUSTO

1. Haga en el centro de cada base de cartón un orifico cuadrado de 9 milímetros por lado aproximadamente. Clave la columna en la base grande, cerciorándose de que quede estable y firme, y péguela con el silicón.

2. Haga en el centro de los bizcochos un orifico de 1 centímetro de diámetro. Unte la base de cartón grande con un poco de betún de manteca e inserte los bizcochos, aplicando un poco de betún entre cada uno. Inserte la base de cartón pequeña en la punta de la columna. 1 2

3. Corte los bizcochos con el cuchillo sierra para darles forma de cono truncado. Utilice las bases para pastel como guía y realice el corte de arriba abajo. Congele el pastel durante 4 horas. 3 4

4. Saque el pastel del congelador y resánelo con la ganache firme (**ver pág. 46**). Resérvelo en congelación.

5. Dele forma de busto al bloque de arroz inflado (**ver pág. 45**). Resánelo con ganache firme y congélelo un par de horas.

6. Inserte la brocheta de madera en la base del busto, unte con *royal icing* la parte superior del pastel y clave y pegue encima el busto. 5

## BLUSA Y FALDA

1. Amase una porción de fondant negro y extiéndalo hasta que tenga 1 milímetro de grosor. Dele forma de rectángulo cortando los bordes irregulares. Barnice la parte superior del busto con un poco de *piping gel* y cúbralo con el rectángulo de fondant, presionándolo suavemente con las manos para que se pegue y se amolde a la figura. Retire el exceso de fondant cortando por toda la circunferencia del busto por debajo de los pechos. Alise los bordes con el rodillo. Deje secar. [1] [2] [3] [4] [5]

2. Amase una porción de fondant rosa y extiéndalo hasta que tenga 1 milímetro de grosor. Corte la parte trasera y delantera de la blusa del vestido con las plantillas del patrón con forma de blusa. Péguelas con *piping gel* al busto presionándolas suavemente con las manos para que se amolden a la figura. Retire el exceso de fondant cortando a la altura de la unión entre el busto y la base. Deje secar. [6] [7]

3. Amase una porción de fondant blanco y extiéndalo hasta que tenga 1 milímetro de grosor. Corte un rectángulo lo suficientemente grande para envolver el pastel. [8]

4. Diluya los abrillantadores en un poco de ron. Divida imaginariamente el rectángulo de fondant en tres partes a lo ancho, y pinte la parte central y la inferior con los colorantes y los abrillantadores como sigue: forme algunas manchas de colores aplicando los colorantes con pinceles y realice el diseño de su preferencia (corazones, flores, figuras geométricas) con los

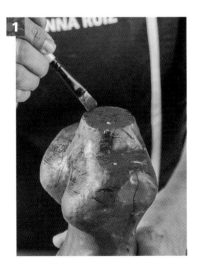

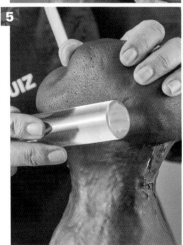

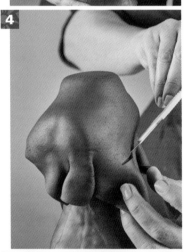

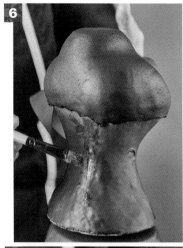

pinceles de punta fina. Para el efecto de acuarela, añada con los goteros algunas gotas de colorante y de abrillantadores. Seque el diseño con la pistola decapadora o con la secadora de cabello. 9 10 11 12

5. Coloque *piping gel* en el área de unión de la blusa y el vestido. Plise el rectángulo de fondant blanco de la parte sin pintura mientras lo va pegando en el área de unión de la blusa y el vestido. 13 14 15 16

6. Amase un poco más de fondant rosa y extiéndalo hasta que tenga 1 centímetro de grosor. Extraiga tres tiras largas y delgadas. Rodee con una de ellas la cintura de la figura y péguela con *piping gel* para cubrir el plisado del fondant blanco. Corte en diagonal las puntas de las otras tiras y forme un moño (**ver pág. 116**). Péguelo sobre la cinta. 17

## MINIPASTEL

1. Amase una porción de fondant blanco y extiéndalo hasta que tenga 1 milímetro de grosor. Extraiga de él un rectángulo lo suficientemente grande para envolver la superficie lateral del pastel pequeño, así como un disco que mida lo mismo que la circunferencia del pastel.

2. Pinte el rectángulo de fondant con el mismo diseño que la falda y siguiendo la misma técnica. Decore el disco de fondant blanco únicamente con los abrillantadores.

3. Cubra el pastel con las piezas de fondant (**ver pág. 51**).

# Pasteles de celebración

## INGREDIENTES

- 5 pasteles tubulares de distintos tamaños: un pastel de base grande y el resto de tamaño decreciente, resanados y congelados
- fondant: blanco, negro y amarillo
- *piping gel*
- chocolate sucedáneo color amarillo
- abrillantador dorado
- ron
- confitería negra
- hojas de fécula de papa blancas y rosas
- manteca vegetal
- hojas de oro comestibles
- diamantina negra

## UTENSILIOS

- rodillo para fondant
- pinceles, incluido 1 de punta fina
- brocha
- miniespátula
- cortador con la frase *Mr & Mrs*
- lápiz comestible
- papel encerado
- plantillas con forma de corazón: 1 grande, 1 mediana y 1 chica (**ver pág. 153**)
- plancha de vapor
- molde de silicón para elaborar centros de flor
- columnas o pilares

## NIVEL INFERIOR

1. Amase fondant blanco y extiéndalo hasta que tenga un grosor de 3 milímetros. Extraiga de él un disco del mismo diámetro que el pastel de base y un rectángulo lo suficientemente grande para cubrir la superficie lateral del mismo pastel.

2. Amase un poco de fondant negro y forme con él varias tiras cilíndricas largas de ½ centímetro de grosor aproximadamente. ⊡

3. Barnice el rectángulo de fondant blanco con *piping gel* y distribuya encima las tiras de fondant negro de forma irregular. Extienda el fondant con el rodillo hasta que el diseño haya quedado impreso. ② ③ ④ ⑤

4. Cubra la parte superior del pastel de base con el disco de fondant blanco y la superficie lateral con el diseño con formas irregulares (**ver pág. 51**). Déjelo secar.

## SEGUNDO NIVEL

1. Amase fondant amarillo y extiéndalo hasta que tenga un grosor de 3 milímetros. Extraiga de él un disco del mismo diámetro que el pastel del segundo nivel y un rectángulo suficientemente grande para cubrir la superficie lateral de éste.
2. Derrita el chocolate sucedáneo amarillo en el microondas o a abaño maría. Salpique el chocolate sobre e rectángulo de fondant amarillo con ayuda de la brocha y déjelo secar. [1]
3. Diluya el abrillantador dorado en un poco de ron y pinte el disco y el rectángulo de fondant. Déjelos secar.
4. Cubra la parte superior del pastel con el disco de fondant dorado y la superficie lateral con el rectángulo de fondant con textura corrugada (**ver pág. 51**). Déjelo secar.

## TERCER NIVEL

1. Amase fondant negro y extiéndalo hasta que tenga un grosor de 3 milímetros. Extraiga de él un disco del mismo diámetro que el pastel del tercer nivel y un rectángulo suficientemente grande para cubrir la superficie lateral de éste.
2. Barnice el rectángulo de fondant negro con *piping gel* y cúbralo con la confitería negra. Presiónela bien con las manos para que se adhiera al fondant. Deje secar. [1] [2] [3] [4] [5]
3. Cubra la parte superior del pastel con el disco de fondant negro y la superficie lateral con el rectángulo de fondant con confitería (**ver pág. 51**). Déjelo secar.

## CUARTO NIVEL

1. Para el pastel de boda amase fondant blanco y negro, para el de XV años amase fondant blanco, y para el de aniversario de boda, fondant negro. Extienda el fondant hasta que tenga un grosor de 3 milímetros. Para el pastel de boda y de XV años, extraiga un disco de fondant blanco del mismo diámetro que el pastel del tercer nivel y un rectángulo suficientemente grande para cubrir la superficie lateral de éste. Haga lo mismo para el pastel de aniversario, pero con el fondant negro.

2. Cubra el pastel de boda o de XV años con el fondant blanco, y el de aniversario con fondant negro (**ver pág. 51**). Déjelos secar.
3. Para decorar el pastel de boda: corte el fondant negro con el cortador de *Mr & Mrs* y péguelo en la pared lateral del pastel con *piping gel*. Para decorar el pastel de aniversario: escriba con el lápiz comestible las iniciales de los esposos en un trozo de papel encerado; coloque el papel sobre la superficie del pastel y remarque firmemente el nombre; diluya un poco de abrillantador dorado en un poco de ron y pinte las letras con el pincel de punta fina.

## NIVEL SUPERIOR

1. Amase fondant negro y blanco y extiéndalos hasta que tengan un grosor de 3 milímetros. Extraiga del fondant negro un disco del mismo diámetro que el pastel del nivel superior y un rectángulo suficientemente grande para cubrir la superficie lateral del pastel. Extraiga también dos tiras delgadas y una ancha de fondant blanco del mismo largo que el rectángulo negro.
2. Pegue con *piping gel* la tira ancha de fondant blanco a lo largo del centro del rectángulo; deje un espacio negro arriba y abajo y pegue las tiras blancas de fondant blanco delgadas. Pinte una línea dorada al centro de la tira ancha de fondant blanco. Deje secar.
3. Extienda el fondant con el rodillo hasta que el diseño haya quedado impreso.
4. Forre la parte superior del pastel con el disco de fondant negro y la superficie lateral con el rectángulo de fondant con el diseño. Déjelo secar.

## FLORES

1. Para el pastel de boda utilizará pétalos de flor de color blanco, para el de XV años de color rosa, y para el de aniversario de bodas, de color dorado.
2. Para los pétalos dorados, barnice con un poco de manteca vegetal la hoja blanca de fécula de papa, péguele encima un trozo de hoja de oro y barnice ésta con un poco más de manteca vegetal hasta que quede lisa. Déjela secar. [1] [2]

3. Para formar los pétalos, marque en las hojas de fécula de papa (blancas, rosas o doradas) el contorno de las plantillas con forma de corazón y recórtelas. Deberá obtener 4 corazones grandes, 8 medianos y 4 chicos. ☐3 ☐4

4. Pase los corazones por el vapor de la plancha; esto hará que se doblen naturalmente y simulen la forma de un pétalo. ☐5 ☐6

5. Para formar la base de una flor grande, pegue con *piping gel* las puntas de 4 pétalos grandes y, después, pegue en el centro de la base, uno por uno y de las puntas, 4 pétalos medianos. Forme la flor pequeña de la misma manera utilizando 4 pétalos medianos como base y 4 pétalos chicos al centro. Déjelas secar. ☐7 ☐8 ☐9

6. Para elaborar el centro de las flores, amase un poco de fondant negro, forme 2 esferas pequeñas y presiónelas contra el molde de silicón. Barnícelas con *piping gel*, pínchelas de la base con un alfiler y páselas por la diamantina negra hasta cubrirlas bien. Déjelas secar. ☐10 ☐11

7. Añada un poco de *piping gel* en el centro de las flores y pégueles encima los centros de fondant negro con diamantina. Déjelas secar. ☐12

## MONTAJE

1. Apile los pasteles (**ver pág. 55**). Pegue con *piping gel* la flor grande, del color correspondiente a la celebración, entre el pastel del nivel inferior y el del segundo nivel. Para el pastel de XV años, pegue la flor entre el tercer y el cuarto nivel, y para los pasteles de boda y de aniversario de boda, entre el cuarto nivel y el superior.

# Índices

# Técnicas

# Plantillas

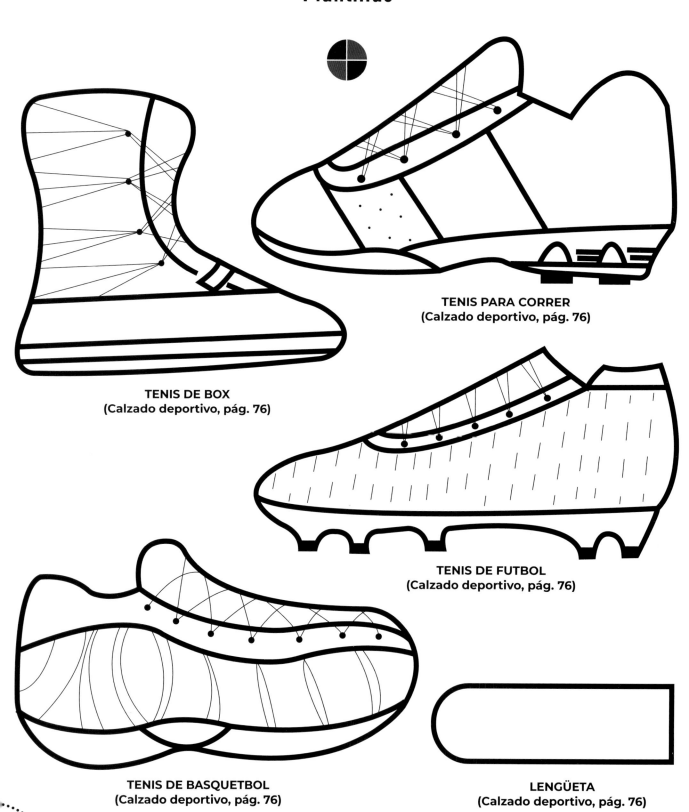

**TENIS PARA CORRER**
(Calzado deportivo, pág. 76)

**TENIS DE BOX**
(Calzado deportivo, pág. 76)

**TENIS DE FUTBOL**
(Calzado deportivo, pág. 76)

**TENIS DE BASQUETBOL**
(Calzado deportivo, pág. 76)

**LENGÜETA**
(Calzado deportivo, pág. 76)

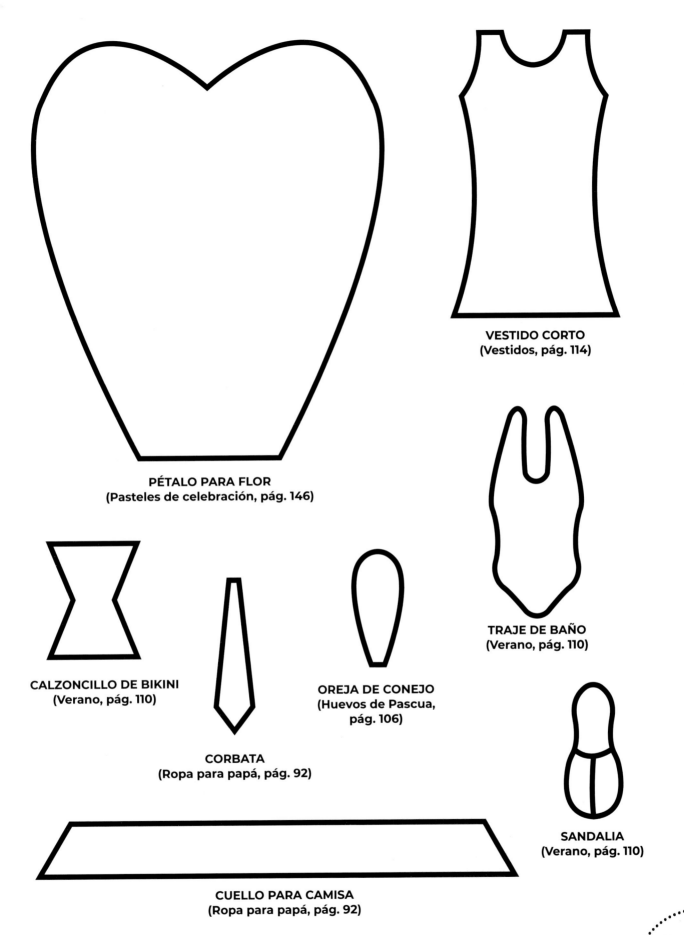

**PÉTALO PARA FLOR**
(Pasteles de celebración, pág. 146)

**VESTIDO CORTO**
(Vestidos, pág. 114)

**CALZONCILLO DE BIKINI**
(Verano, pág. 110)

**CORBATA**
(Ropa para papá, pág. 92)

**OREJA DE CONEJO**
(Huevos de Pascua,
pág. 106)

**TRAJE DE BAÑO**
(Verano, pág. 110)

**SANDALIA**
(Verano, pág. 110)

**CUELLO PARA CAMISA**
(Ropa para papá, pág. 92)

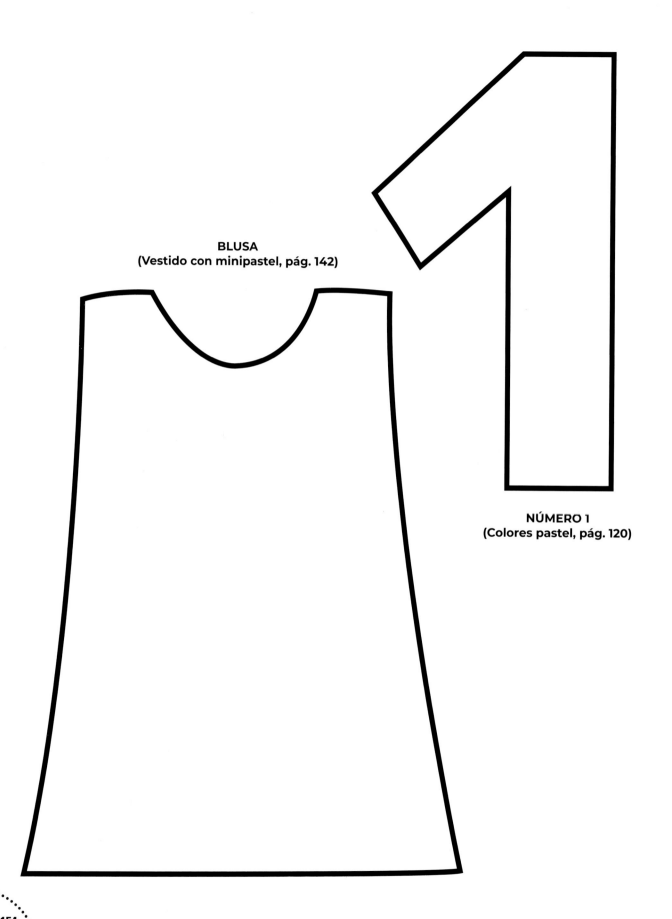

**BLUSA**
**(Vestido con minipastel, pág. 142)**

**NÚMERO 1**
**(Colores pastel, pág. 120)**

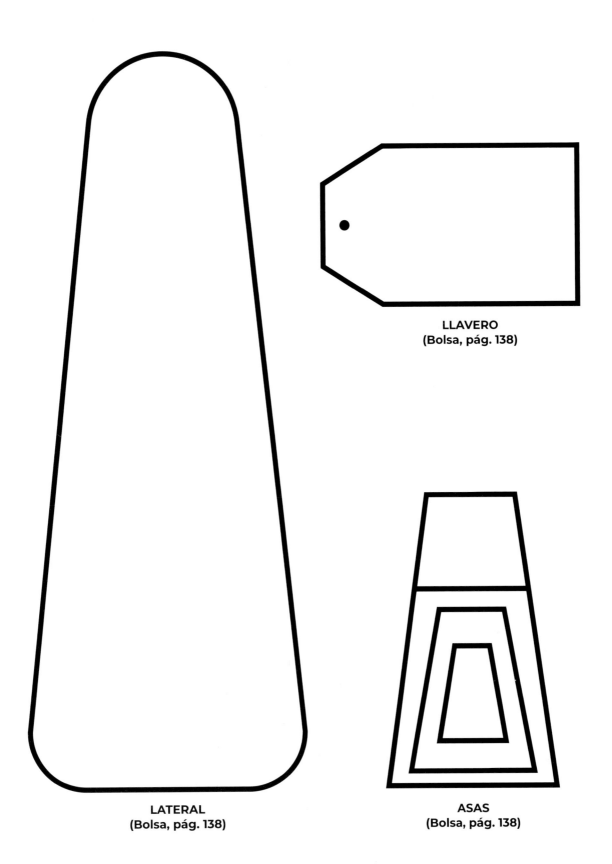

**LLAVERO**
(Bolsa, pág. 138)

**LATERAL**
(Bolsa, pág. 138)

**ASAS**
(Bolsa, pág. 138)

**FRENTE Y ATRÁS**
(Bolsa, pág. 138)

200 mm

265 mm

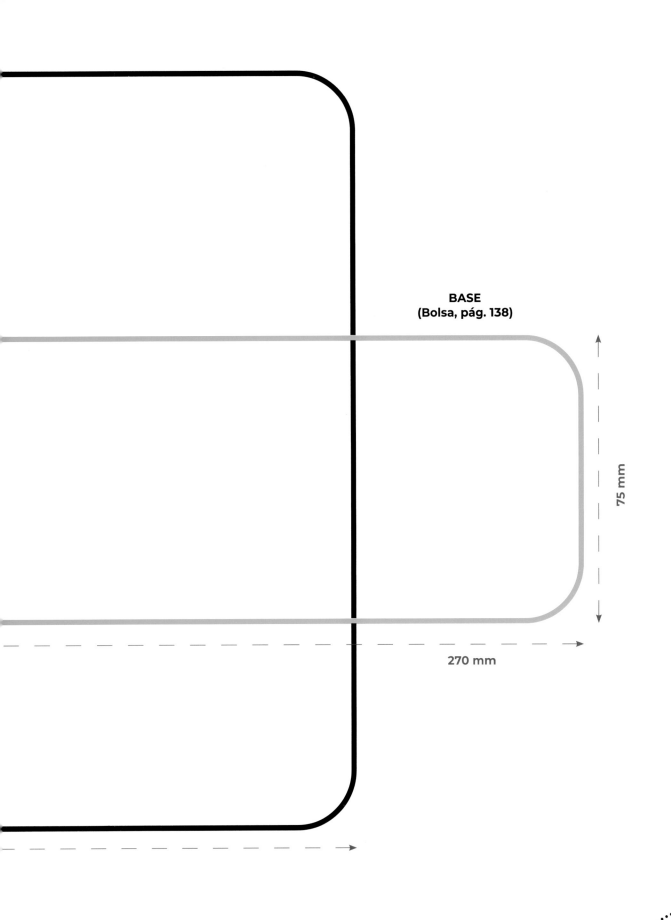

**BASE**
**(Bolsa, pág. 138)**

75 mm

270 mm

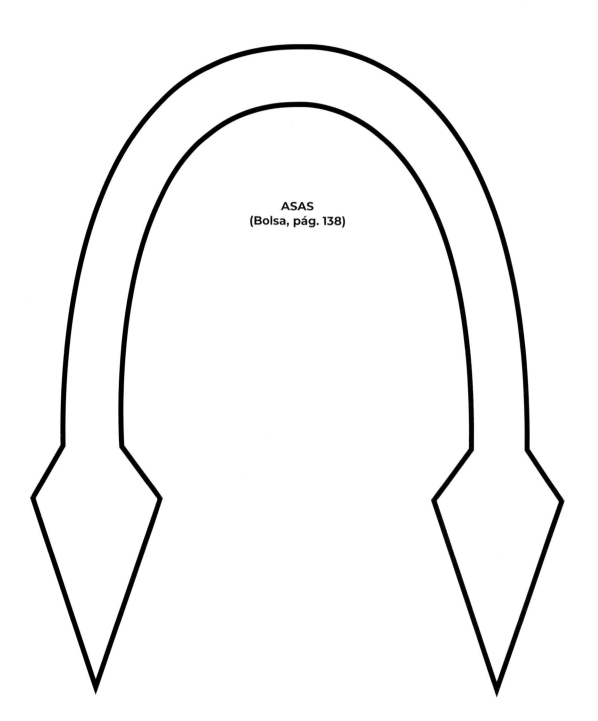

ASAS
(Bolsa, pág. 138)

Este libro se terminó de imprimir en Julio del 2019
en Corporativo Prográfico, S.A. de C.V.,
Calle Dos Num. 257, Bodega 4, Col. Granas San Antonio,
C.P. 09070, Alcaldía Iztapalapa, México, Ciudad de México.